JN331712

中世ヨーロッパの祝宴

水田　英実
山代　宏道
中尾　佳行
地村　彰之
原野　昇

溪水社

まえがき

　祝宴ということばを耳にしたとき，ひとは何を連想するであろうか。私的な祝宴もあれば，公的な祝宴もある。さまざまな文脈が考えられる。金子みすゞのように，「朝焼け小焼けだ　大漁だ　大羽鰮の大漁だ／浜は祭りのようだけど　海のなかでは何萬の　鰮のとむらい　するだろう」（「大漁」）という詩を書いたひともいる。

　本集では，視座を中世ヨーロッパに定めたうえで，「祝宴」というテーマをとりあげることにした。思想・歴史・文学・語学といったそれぞれの観点から論じた5編を収録している。以下その内容を要約して紹介する。

　バイユー＝タペストリーと祝宴 ─ 多様性の共演 ─： 祝宴を「多数の人々が集合して，多様な要素を共有しながら，それを楽しむ場であり，また，そのための機会」と定義するなら，バイユー＝タペストリーはそれを提供した。多様な要素を共存させながら，ひとつの統一性をもつ代表的なロマネスク作品は，世俗的饗宴であれ，宗教的祝祭であれ，異質な存在が寛容に許され一時的に受け入れられたハレの場としての祝宴にふさわしい鑑賞対象であったことを明らかにする。（山代宏道）

　祭りの中の宴 ─ ミサ聖祭の場合 ─： カトリック教会で

行われるミサ聖祭には祝宴の性格をみとめることができる。教会は復活の秘儀を祝うためにともに集まることを欠かさなかったと言われるからである。この点は中世ヨーロッパにおいても変わらない。ミサ聖祭の中で『聖書』が朗読されるとともに，最後の晩餐の時にイエス・キリストが遺したことばに従って，パンとぶどう酒を拝領する聖体の祭儀が行われる。このような祭りと宴のありかたについて考察する。（水田英実）

フランス中世文学にみる祝宴 — 作品中における祝宴場面の果たす役割 — ： 文学作品のなかで祝宴の場面がどのように描かれているか，それは作品全体のなかでどのような効果を発揮しているかを，宮廷風騎士物語を中心に具体的な作品をとり上げてみていく。物語の発端となる作品の冒頭や，筋の重要な転換点に設定されている場合も多い。また，祝宴の表向きの華やかさとは反対の不幸な筋の展開や結末を際立たせる役割をになわされている場合もある。（原野 昇）

ガウェイン詩人とチョーサーに見る祝宴と罠： 祝宴はそもそも楽しいものであるが，その楽しさにはしばしば危険が潜んでいる。14世紀後期に英国北西部で書かれた作品『ガウエイン卿と緑の騎士』（アーサー王伝説を継承した作品）とチョーサーの『トロイラスとクリセイデ』（イタリア詩人ボッカチオ作『恋の挫折』の本案）にある宴会は，一見楽しい会に見せられてはいるが，そこには罠がしかけられ，物語の中での重要なモチーフ及び転換点になっていることを明らかにする。（中尾佳行）

チョーサーの酒と『カンタベリー物語』— ワインとエールを中心に — ： チョーサーの周りに日常的に存在していた酒に関する表現が，特に『カンタベリー物語』の中でどのように使われているかについて調べる。この作品では酒がいろいろな役割を果たしている。本論では，第一節において『カンタベリー物語』「総序の詩」で扱われている酒を含めた食卓について，第二節では，本作品における酒の表現について，第三節では，物語全体を祝宴と考え，酒がどのような働きをしているかについて見ていく。（地村彰之）

目　　　次

まえがき ……………………………………………… 1

バイユー＝タペストリーと祝宴
　― 多様性の共演 ―
　　　　　　　　　………… 山代　宏道… 9

祭りの中の宴　― ミサ聖祭の場合 ―
　　　　　　　　　………… 水田　英実… 46

フランス中世文学にみる祝宴
　― 作品中における祝宴場面の果たす役割 ―
　　　　　　　　　………… 原野　　昇… 82

ガウェイン詩人とチョーサーに見る祝宴と罠
　　　　　　　　　………… 中尾　佳行… 116

チョーサーの酒と『カンタベリー物語』
　― ワインとエールを中心に ―
　　　　　　　　　………… 地村　彰之… 145

あとがき ……………………………………………… 174

Contents ……………………………………………… 176

著者紹介 ……………………………………………… 177

中世ヨーロッパの祝宴

バイユー＝タペストリーと祝宴
— 多様性の共演 —

山代宏道

1．はじめに

　祝宴という語を岩波国語辞典で引くと「めでたい事を祝って行う宴会」と説明されている。その意味するところは，なんとなく世俗的な慶事を祝うことに限定されているようである。しかし，筆者は，ここでは祝宴を「多数の人々が集合して，多様な要素を共有しながら，それを楽しむ場であり，また，そのための機会」と定義しておきたい。祝宴は，世俗的慶事に限らず宗教的な祝祭を含み，「祝う」という意味も「感謝しながら享受する」ことを意味すると考えるからである。

　本章では，ノルマン征服をめぐる1064〜66年の事件を描いた刺繍絵巻（50cm x 70m）であるバイユー＝タペストリーを取り上げて祝宴との関係を探る。多様な要素を共存させながら，ひとつの統一性をもつこの代表的なロマネスク作品は，世俗的饗宴であれ，宗教的祝祭であれ，異質な存在が寛容に許され一時的に受け入れられたハレの場である祝宴にふさわしい鑑賞対象であった。

　もっとも，ノルマンディーのバイユー市の博物館に現存するバイユー＝タペストリーをめぐっては，その制作依頼者（バイユー司教オドー？），制作時期（11世紀後半？），制

作場所（カンタベリー？），目的（征服の正当化，神罰等）など，いまだに議論が分かれる点も多い。

中世ヨーロッパにおける祝宴としては，世俗君主が一年に一度，臣下たちを城に集めて供応することで忠誠を確保したり，あるいは娘の結婚式や息子の騎士叙任の際に催した饗宴を思い浮かべることができる。

バイユー＝タペストリーでは，ハロルドがノルマンディーへ出かける前に催した宴会やノルマディー公ウィリアムたちがイングランドに上陸して開催した祝宴が注目される。（場面3, 43）本章での場面数は，J.B.マックナルティー（McNulty），L.ミュッセ（Musset），M.パリス（Parisse）たちと同様に，タペストリーの場面外に付された番号によっている。

場面3　ボシャムでの宴会

ブルターニュの城を陥落させた遠征帰途，ウィリアムはハロルドの活躍を認めてかれに武具一式を与えている。これに対し，ハロルドは，バイユーで

場面43　イングランド上陸後の宴会

ウィリアムへの忠誠を誓い，その際，次のイングランド王位はウィリアムが継承することを誓約したはずである。（場面

21, 23) その後で祝宴が開催された可能性もあるが、タペストリーには描かれていない。

バイユー＝タペストリーの性格、あるいはそのテーマをめぐっては、D. ベルンスタイン（Bernstein）のように聖書的概念にもとづく比喩的解釈を行う研究者もいる。かれは、ユダヤ王国の滅亡とイングランド王国の滅亡とを重ね、ハロルドに対する神罰がテーマであると主張する。これに対して、R. ブリリアント（Brillant）は、タペストリーの物語は歴史的であり、きわめて世俗的・政治的性格の強い作品であると主張している。

場面 21　ウィリアムがハロルドに武具授与

場面 23　ハロルドの誓約

ブリリアントはさらに、バイユー＝タペストリーが、世俗的配置の中で、たとえば、ノルマン諸侯の大広間のようなところで展示されたとみなす。城内での展示であれば、寸法や規模からみて、それが長方形の広間であったと推測して、縮尺版タペストリーがどのように展示されたのかを検討している。タペストリーの展示と諸侯の城における祝宴とが結びつ

けられているのである。

　バイユー＝タペストリーをめぐっては，ノルマン征服の正当化はもとより，オドーの個人的な活躍を物語る作品として制作が依頼されたことも推測される。そうした解釈からすると，バイユー＝タペストリーのうちに，同時代のヨーロッパで流行していたシャンソン＝ドゥ＝ジェスト（武勲詩）の影響を見ることができるかもしれない。マックナルティーやパリスが注目しているように，とりわけ『ロランの歌』の影響が想定される。同作品におけるシャルルマーニュとロランとの関係が，タペストリーでのウィリアムとオドーの関係として類推されることになる。こうした武勲詩や騎士物語が語られる場合には，世俗的宴会の場がふさわしかったであろう。

　バイユー＝タペストリーの前半では，たとえば，ウィリアムが戦うことになる敵対者ハロルドがウィリアムの臣下をモン＝サン＝ミシェル湾での流砂から救っている場面（17）があるように，ハロルドでさえ時々には英雄視されているし，かれの功績を評価し武具を与えるウィリアムの姿もある。（場面21）こうした行為は，世俗的祝宴の場で注目される話題となったはずである。

場面17　ハロルドがウィリアムの臣下救出

　もっとも，そうだからといって，バイユー＝タペストリー

の前半ではハロルドとウィリアムの友好関係が，後半では敵対関係が描写されているとか，文化接触におけるノルマン人とアングロ＝サクソン人の対等な役割が示唆されているとみなすことはできない。せいぜいのところ，前半でハロルドが主人公とみなされるなら，それはタペストリーが征服者の立場の押しつけというより，被征服者であるアングロ＝サクソン人に受け入れやすい描写方法を採用していると解釈すべきであろう。

他方，中世ヨーロッパにおける祝宴の中には，聖人の誕生や死亡を記念する宗教的祝祭を含めることができるのではないか。バイユー司教オドーは，征服後，豊かな財力によってバイユー司教座教会を再建していくが，その献堂式に間に合うように，タペストリーの制作を依頼していた可能性がある。それは，結果的に1077年7月14日に行われた。そうであれば，バイユー＝タペストリーが宗教的祝宴と結びついていたことが十分想定されるのである。

日常性とハレとの関連でみれば，日常生活が苦しければ苦しいほど，また，戦いに明け暮れる生活であればなおさら，祝宴の場は特別であったはずである。

比較民俗学者の伊藤幹治氏は，「厳粛という原理にもとづいた祭りを祭儀，喧噪という原理に根ざした祭りを祝祭」という概念でくくる宗教学者の説を紹介したのち，「男女が野外でつどい，酒を飲みかわし，歌をうたい，踊りをおどって，高揚した心の触れあう非日常的世界の出来事である宴を祝宴とみなし，神人共食の場を祭宴」と呼んでいる。しかし，

筆者は，祝宴が，聖俗いずれの場合でも同様であると大まかに考えている。また，祝宴では異質な存在が寛容に許されていたことが注目される。そこでは，一時的にではあれ異質な要素が受け入れられた。吟遊詩人や旅芸人たちもそうした存在であった。祝宴が終わり，日常的な生活にもどると，こうしたよそ者は排除されるか，警戒感をもって対応されたであろう。

聖地や聖所は多数の巡礼者にとってはハレの場であった。生涯のうち一度しか訪れる可能性がない場合には，なおさらそうであったはずである。そこでは，異質な要素といえる日常生活から排除されていた病人（ライ病＝ハンセン病）の入場も許されたようである。聖所では聖なる力が働いており，感染しないことこそが聖なる力が働いていることの証明であった。また，巡礼者集団のなかには娼婦の参加も黙認されていたことも見逃せない。いずれにしても，こうした聖所でのミサに与ることも祝宴と捉えることができるであろう。

2．ロマネスク

筆者は，ロマネスクの特徴は，多様な要素を共存させながら，ひとつのまとまり（作品や建物）を造りあげているところにある，と考えている。言い換えれば「多様性のなかの統一」である。あるいは「ゆるやかな統合」であろう。ロマネスク様式の司教座教会堂や各種の修道院教会堂においてそれが見られる。

バイユー＝タペストリーは，ロマネスク芸術の典型例と

して位置づけることができる。とりわけ上下の縁部分には，多種多様な動植物と人物像が描かれていて，教会堂のフリーズ（帯状装飾）や修道院回廊の柱頭彫刻を彷彿させる。これらの図像については，ジョージ＝ザーネッキ『ロマネスク美術』，グザヴィエ・バラル・イ・アルテ『中世の芸術』，池上俊一『ロマネスク世界論』，ジョルジュ・デュビー『ロマネスク芸術の時代』，馬杉宗夫『ロマネスクの美術』などに詳しい。

　他方で，同時代の城建築においては文化的多様性（遊び）がそれほど見られないようであるが，城が軍事的目的のために機能を優先する建造物であったためであろうか。

　バイユー＝タペストリーは，主たるエピソードが展開していく真ん中部分と，上下の縁部分で構成されている。それらの関係を理解するためには，中世の写本装飾についての木俣元一氏のコメントが有益である。中世の写本装飾の「文字と画像のレイアウト，色分けされた文字，冒頭のイニシアルのデザイン，余白に描き込まれた幻想的な怪物たちといったヴィジュアルな要素は，見る者の注意を活性化し，記憶を促進したり，目当ての字句を見つけやすくしたりするという機能を果たしていた」。（木俣 214）タペストリーの中のラテン語の刺繍文字や幻想的動物なども，見る者の注意を活性化したはずである。

　さらに「周辺部があることによって，中心は中心となり，その存在を維持できる。…全体の枠が先に決まっている以上，中心の線引きを行うということは，同時に周辺部を決定

することでもあるのだ。…ひとつの全体のなかで美術をとらえ，中心と周縁という対立概念にとらわれず，中心と周縁の密接な関係に目を向けることが意味をもってくる」（木俣178）という木俣氏の指摘は，バイユー＝タペストリーの主部分と縁部分の関係についても適合的であろう。

征服後，ノルマン人たちはアングロ＝サクソン職人，すなわち金細工師，象牙彫刻家，造形芸術家，刺繍職人などの技能を高く評価していった。刺繍はイングランド人たちが卓越していた技能であり，中世ヨーロッパを通じてイングランド的作品（opus Anglicanum）といえば，それはイングランド刺繍を意味したようである。ベルンスタインの言うように，ノルマン人たちは，ヘイスティングズの勝利を記念しようとするときイングランド職人たちの方に向かったのである。そのことは，統治機関・手段におけるアングロ＝サクソン的卓越性が，ウィリアム征服王に勝利を確実にするための道具を与えたのと同様であった。ノルマン征服者たちは，征服地の有用なものを積極的に利用していったのである。

ノルマン人たちに顕著であったかれらの能力・実力主義は，ノルマンディーでの聖職者や騎士の登用にあたって発揮された。そうした能力・実力主義では，どこの出身であるかは大した問題ではなく結果を重視し，すぐれた成果をあげればそれで十分であった。こうした行動基準が，アングロ＝サクソン人にも適応される可能性があったのであろうか。たとえば，もしハロルドが神に背くという偽誓がなければ，アングロ＝サクソン人支配のためにかれらを寛大に扱っていたであ

ろうか。たしかに軍事的補充，あるいは修道院改革においても，原則的には能力主義を取っているように思われる。少なくとも人的多様性が認められる。

こうしたノルマン的精神性の中で，征服された異教の神々もキリスト教の教会堂に貢献する要素として位置づけられて取り込まれていったのであろう。その意味では，異教的雰囲気をもつ動植物が描かれている上下の縁部分をもつバイユー＝タペストリーも，全体に役立つものであれば，異質な要素であっても積極的に取り込んでいったと言える。

現在，多くの研究者のあいだでは，バイユー＝タペストリーのパトロンとしてバイユー司教オドーが有力視されている。理由として，タペストリーの史料上の初見が15世紀のバイユー司教座教会参事会の財産目録においてであったこと，タペストリーの制作目的がノルマン征服の戦勝記念でありオドーがウィリアムの異父弟であったこと，さらにタペストリーにおいてオドーやかれの家臣とみなされる3人の騎士が名前を明記されて登場することなどがあげられる。

木俣氏は，パトロンが，美術作品が置かれ，使用される場所や空間と深い関係をもっていたことを指摘している。「教会堂や大聖堂であれば，司教をはじめとする高位聖職者，参事会，宮廷では君主や側近，修道院では修道院長がパトロンとしての役割を演じる。このように指導的な地位にある人物がかなり直接的に芸術制作の現場に関与したのである。」（木俣164）こうした指摘も，オドー・パトロン説にとっては適合的である。

オドーはノルマンディーのバイユー司教ではあったが，征服後はイングランドで軍事的に重要な役割を担うケント伯になった人物である。タペストリーの中では，ノルマン征服の勝利にとって重要な軍事的顧問としての機能を果たした者として描かれている。中世ヨーロッパ社会の歴史研究者 C.N.L. ブルックは，オドーのような働きをした司教を 'bishop-prince'（君侯司教）と呼ぶことでその性格づけしている。当時のヨーロッパでは，有力諸侯の男子は 14 才くらいまでは，将来騎士と聖職者のどちらの経歴でも自立していけるように両方の訓練を受けていた。したがって，成人してからも，かつての訓練もあってオドーのように戦場で活躍する司教も珍しくはなかった。また，1066 年ヘイスティングズ戦でのクータンス司教ジェフリーのように，戦争勝利を願って司教たちが戦場で祈願し，兵士たちに祝福を与えることは通常のことであった。さらに，征服後，国王ウィリアムが司教や修道院長たちに所領と引き替えに騎士奉仕を課したとき，司教や修道院長が自ら配下の騎士たちを引き連れて軍事行動をとることが想定されていたはずである。たしかに，1075 年の反乱のとき，バイユー司教オドーがノリッジ伯ラルフをケンブリッジで破り，ウスター司教ウルフスタンがヘリフォード伯ロジャーの東進を阻止した事例がある。

勇敢な戦士としての聖職者像は，『ロランの歌』の大司教トゥルパンがフランク人をロンスヴォーで戦うよう熱心に勧めて多くの異教徒を死に追いやったごとく，それまでも広く社会的に受け入れられてきていた。R. ギャメソン（Gameson）

は，軍事的功績が当時のキリスト教思想の基本部分をなしていたと指摘している。こうした軍事的な功績は，オドーやバイユー＝タペストリーにとってきわめて関連性のある事柄であった。司教オドーはこうした価値観を体現していたのであり，歴史家ウィリアム＝オヴ＝ポワティエのオドー評価にもそのことがうかがわれる。オドーは，同時代において例外的存在ではなかった。教会改革者として理想的で攻撃的なローマ教皇グレゴリー7世（在位，1073-85）でさえ，こうしたキリスト教の軍事的功績を重視する価値観を共有していたし，教皇ウルバン2世（在位，1088-99）は明確なかたちで十字軍思想を表明していったのである。

オドーは，司教位があったバイユー司教座教会で高い評価を受けていた。ウィリアム＝オヴ＝ポワティエはオドーが聖俗両方の事柄に精通している優れた人物として評価している。また，オドーは司教座教会の若い聖職者たちを，学問を受けさせるために派遣していたし，さらに，かれは教会や修道院への寄進者としても寛大であった。セント＝オーガスティン修道院，セント＝オーバンスやロチェスター各司教座教会付属修道院にも寄進している。

こうして聖職叙任権闘争，十字軍運動，そしてオドーの行動を検討することで，11世紀が「聖」と「俗」の分化が始まる時期であったが，依然として，聖・俗が明確には区別できないほど織りまぜになっていたことが理解できる。この点に関しては，筆者も，ノルマン征服後のイングランド教会におけるアングロ＝ノルマン聖職者について，「聖」と「俗」の

両面をもつことを明らかにしたことがある。

木俣氏も聖・俗関係について同様なコメントをしている。「宮殿や宮廷礼拝堂を飾る壁画やステンドグラスは、君主を中心とした政治的かつ宗教的メッセージを発信するという役割を担っていた。中世においては、世俗権力と教会権力の間でつねに対立があったが、政治と宗教を切り離して考えることは不可能である。」（木俣155）

バイユー＝タペストリーは、ノルマン文化とアングロ＝サクソン文化との間の異文化接触の産物ある。ノルマン人であるパトロン（制作依頼者）やマスター（制作責任者）が考えた内容（物語）を、アングロ＝サクソン人である制作従事者が刺繍（図像）に描いたと推測されている。どち

場面26　ウェストミンスター修道院建立

らが欠けてもこうした作品は存在しなかったであろう。たしかにタペストリーはノルマン征服の産物であるが、征服（衝突）でない異文化交流の事例もあった。たとえば、征服前から始まるエドワード証聖王によるウェストミンスター修道院の建設（場面26）があげられるが、それはノルマンディーのジュミエージュ修道院をモデルとするものであった。しかし、アングロ＝ノルマン期イングランド研究者のM.チブノール（Chibnall）によると、両者が同時並行的に建設されていっ

たその成果は，北西ヨーロッパ地域におけるロマネスク建築の好例と位置づけることができよう。

3．バイユー＝タペストリー

　バイユー＝タペストリーのテーマと関連しては，ローカルな要素（ノルマン征服の正当化）とグローバルな要素（神罰）とが共存していると考えられる点が重要である。1066年のノルマン征服は，ノルマンディー公ウィリアムによるイングランド遠征であり，基本的には，それは英仏海峡をまたいだ北西ヨーロッパにおける地域的事件であった。もっとも，一般的な宗教と戦争というテーマとしてみれば，普遍的なものと考えられるかもしれない。

　バイユー＝タペストリーを理解するためには，作品自体の性格を理解することが必要であるが，そのための一方法は，タペストリーの展示場所を知ることである。しかし，この作業は容易なことではない。タペストリーが扱う物語の世俗的性格のゆえに，それが展示された場所は教会ではないとする解釈が考えられる。しかし，当時，聖俗の区別はあいまいであり，世俗の王侯が宗教的芸術品をもっていたように，教会が世俗的美術品を所蔵することも珍しくなかった。さらに，ギャメソンが主張するように，バイユー＝タペストリーがそもそも世俗的であるかは議論のある点である。

　バイユー＝タペストリーは，1476年バイユー司教座教会参事会の財産目録において初出とされ，当時は毎年バイユー司教座教会で展示されていたようである。しかし，それ以前

において，一箇所にずっと飾られていたわけではなく，数カ所で展示された可能性が否定されるわけでもない。制作場所がイングランド，おそらくカンタベリーであったとすれば，ノルマンディーに渡る前にイングランドで展示されていたかもしれない。そうであれば，タペストリーが聖俗両方の場所で展示された可能性も否定しきれないであろう。

　ブリリャントが想定するように，タペストリーがノルマン諸侯の城で展示されたのであれば，そこで戦いの勝利の宴として開催された祝宴と結びつくことになる。バイユー＝タペストリーの目的が戦勝記念とノルマン征服の正当化であったことは，1066年のヘイスティングズ戦の直前，デンマーク王ハロルド＝ハルドラーダと戦ってハロルド王に勝利をもたらしたスタムフォードブリッジの戦闘場面がタペストリーでは省略されていることからも明らかである。それは，あくまでノルマン側の視点から描かれているとみなさざるをえない。

　しかし，ノルマン征服を正当化するという目的のために，あからさまな手法が取られているのかどうかは検討の余地がある。被征服者であるアングロ＝サクソン人ができるだけ反発することなくノルマン側の主張を受け入れるように作成されるべきであった。そのためには，作品はできるだけ客観的に描かれる必要があった。タペストリーでは，とくに前半におけるハロルドの英雄的行為も含めて考えると，ハロルドとウィリアムの描き方は，両者がほぼ同等の存在感をもつものとして描かれている。あたかもアングロ＝サクソン人の反感を引き起こすことを警戒しているかのようである。タペスト

リー制作依頼者（パトロン）の意図を十分に理解したうえでの制作責任者（マスター）の工夫なのであろうか。

　ところで、ここでひとつの問題が生じることになる。バイユー＝タペストリーの制作目的がノルマン征服の正当化であったとすれば、それはアングロ＝サクソン人に対してなされたはずである。それならばタペストリーは、イングランド側に展示しておく必要があったのではないか。しかし、もし、それが早い時期からノルマンディー側のバイユーで展示されていたとするならば、タペストリーのもつオドーの英雄物語としての性格が強調されることになるのであろう。

　バイユー＝タペストリーの性格づけが困難な理由のひとつは、それが、1064年から1066年の間の出来事をちりばめたウィリアム公の戦勝記念絵巻のようでありながら、同時に、そこに宗教的教訓が盛り込まれているように見えるからである。すなわち、その教訓とは、神（聖遺物）にかけての誓いを破った者は破滅するということであった。言い換えれば、テーマは神罰によるハロルドの死ということになる。

　11・12世紀のヨーロッパで東西南北に移動していったノルマン人たちの活動のうち、南イタリア・シチリアでの王国建設、十字軍遠征途上でのアンティオキア建国、イベリア半島でのレコンキスタ参加などが異教イスラムに対するものであったのに比べ、イングランド遠征はキリスト教徒に対するものであった。キリスト教の世界観では、神への誓約を反古にすることは許されるべき行為ではなかった。ハロルドが即位したときの場面上の縁部分には、不吉な前兆である流れ星

が出現しているし,下の縁部分では,ノルマン人の侵攻を示唆する幽霊船が描かれている。(場面33)これらから推測すると,タペストリーはハロルドの王位継承が正しくないことを示していると解釈できる。つまり,ウィリアムの王位継承こそが正当であるとみなされ,誓約に違反したハロルドを倒すことが正当化されていることになる。

場面33 流れ星(上の縁部分)
　　　　幽霊船(下の縁部分)

また,タペストリーに描かれているように,ハロルドがバイユーで誓約を行ったのだとすると,その事実は,バイユーの司教オドーの積極的関与を示唆していることになる。バイユー司教座教会が保持する聖遺物の効力や神罰を強調しているとみなされるからである。バイユー司教座教会は聖母マリアに捧げられているが,サクソン出身の殉教者Saint RasipheとSaint Ravenの聖遺物を保持していたようである。

誓約行為があった場所については,筆者は,それがバイユーであったとの解釈を支持するものである。タペストリーの描写からハロルドがウィリアムに誓約している場所(場面23)がバイユーであったと解釈する研究者が多いのである。しかし,前の場面(22)で,ブ

場面22 バイユーへ帰還

ルターニュ遠征から帰還するウィリアムとハロルドがバイユーへ向かうとあるのが、つぎの誓約場面にまで結びつくのかどうかという点をめぐって議論がある。ウィリアム公の伝記を書いたウィリアム＝オヴ＝ポワティエは、ハロルドはポンテュー伯ギーからウィリアム公によって釈放された後、ボヌヴィルで開催されたクリスマス会議で忠誠宣誓を行ったと述べていることは、後者の説を補強するかもしれない。

ところで、タペストリーがバイユー司教座教会のような教会堂において展示されたのであれば、それが神罰を伝えるためであったとしても、教会における宗教的祝宴を提供したと捉えることができるであろう。ミサそのものは人類の救済のためのキリストの犠牲に感謝し、それを祝うものである。バイユー＝タペストリーは、いわば宗教的祝祭日における視覚的賛歌とみなすことができるのではないか。

巡礼者たちとしては、苦しく危険な旅のあとで聖地にたどり着いて、聖遺物の前で祈り、バイユー＝タペストリーを目にして、神罰について見聞することは喜びであった。巡礼との関連で、木俣氏のコメントは示唆的である。「遠い距離を移動し美術作品を訪ねるという行為も、人間と美術との多様な関わり方のひとつである。中世においては、膨大な数にのぼる巡礼たちが、遠く、キリスト受難の地であるイェルサレムやスペイン西北端のサンティアゴ・デ・コンポステーラ、教皇庁のあるローマをはじめとする聖地を訪れ、そこでしか見られない聖像を礼拝した。」（木俣157）

バイユー＝タペストリーが、バイユー司教座教会の再建を

祝う1077年の落成記念の際に展示されたものであったとすると，なおさら，祝祭との結びつきが強かったことを意味している。また，それは祝宴と呼ぶにふさわしい機会であったであろう。

　ギャメソンは，タペストリー制作目的を理解するためには，同時代人の目で見ることの必要性を強調する。11世紀の人々にとっては，地上の出来事は神の計画にもとづいて起こっていると認識されていた。バイユー＝タペストリーでは人間と神との相互交流が描かれている。たとえば，ハロルドがノルマンディーに出航する前にボシャム教会を訪問していること，バイユーの聖遺物にかけてハロルドが誓約していること，ウェストミンスター修道院が献堂され，神が祝福していることなどである。

　ノルマン征服の正当化のためだけであれば，パトロンはイングランド王となったウィリアムでも王妃マティルダでもよかったはずである。しかし，オドーがパトロンであるという立場からすれば，ハロルドの偽誓を神が罰したことを示すことで，バイユー司教座教会の聖遺物の効力を誇示しようとしたと解釈することができるのである。タペストリーでは，ハロルドがひどく不名誉に描かれているわけではない。かれの身分的高貴さにもかかわらず，誓約に違反した場合には容赦なく神罰がくだされることを強調することで，バイユーの聖遺物の威光は，いっそう高まったであろう。ハロルドの身分が高貴であればあるほど，破滅をもたらした聖遺物の効果は絶大に思われた。

4．バイユー＝タペストリーと祝宴

バイユー＝タペストリーと祝宴との結びつきを検討するにあたり，筆者は，祝宴を「多数の人々が集合して，多様な要素を共有しながら，それを楽しむ場であり，また，そのための機会」と定義することから始めた。以下，その定義にそって，細かく検討していきたい。

1）多人数が集合

バイユー＝タペストリーは，多くの人々が目にする対象であり，それを見る人々は，鑑賞するという楽しみに参加した。多彩色の刺繍をほどこされたリネンの長い布は，幅50cm，長さ70mほどの作品で，より多くの人々の目に触れるように作られていたと判断される。タペストリーの図像とともに刺繍されたラテン語の簡潔な説明文字は，離れたところからでも読むことができ，それが公的展示を前提としていたことが推測されるのである。

もし，本として作成されていたなら，聖職者を中心とした識字能力のある少数の人々にしか読めなかったであろう。ブリリャントは，バイユー＝タペストリーが本ではないことに注目する。見る人は机についた1人の読者ではなく，相当数の見ている見物人であった。かれらは公的な広間に一緒にあつまり，公的な作品についての共通の体験を楽しんでいた。図像内容が石に彫られていたら重くて移動させるのも困難であり，所在地近くの人々は見たであろうが，他の土地の人々の目に触れることはなかったであろう。

タペストリーは巻物として持ち運ぶことができたため，教会堂以外の様々な場所で展示することも可能であり，より広範囲の人々に見せることができた。このことはノルマン征服を正当化するというプロパガンダのためには好都合であったであろう。

タペストリーが教会堂に展示されていたと想定すると，そこに描かれている図像は，当時，文字の読めない人々にも大いなる印象を与え，かれらの想像力をかき立てたはずである。そればかりでなく，タペストリーの目的の中には，信者たちへの宗教教育のためのテーマも含まれていた可能性がある。教会堂に展示されることで多くの一般信者の目に触れたからである。

木俣氏は，ステンドグラスの画像と見る人との関係について，同様の主旨のことを述べている。「中世の人々が私たちとは比べものにならない優れた視力をそなえていたことは確実だ。… また高い位置にある窓では，地階の窓と比べて大きめのスケールによる画像が用いられていることからも，見る者との距離を想定して作品が制作されている。さらに，見る者に働きかけ，説得や記憶を促すような仕掛けが施された作品が少なからず存在している。」（木俣 238-9）

ブリリアントも説明文の文字の大きさは，遠くからでも読めたと考えている。かれはまた，絵画の中の文字の重要性についても指摘し，文字を音読する仲介者の存在を想定しているのである。ワースの詩物語の中で見られる，ヘイスティングズの戦場において，敵軍に対して突撃する前のノルマン

人たちに『ロランの歌』を歌って鼓舞した詩人タイユフェールのように，タペストリーを見る者に対して解説を加えたガイド役がいたのであろう。こうした背景において，タペストリーを媒介としたノルマン征服についての記憶が，過去と現在，そして現在と未来のギャップをつないだ。その記憶は，歌，テキスト，イメージにおいて保存されていったのである。他方，バイユー＝タペストリーはバイユー司教座教会の聖遺物の力を証明し，信者や巡礼者をひきつける効果をもつものであった。たしかに，ハロルドはバイユーの聖遺物にかけて誓い，それを破ったために罰せられた。偽誓者というモティーフは，バイユー＝タペストリー以前にも使われており，パリスの述べるように，偽誓に対する罰としての死というハロルドの運命は容易に想起されたはずである。

　その場合，現代のノルマン征服研究者が問題にするほどにはハロルドの誓いの内容は重要ではなくなり，誓ったという事実のみが重要となる。ハロルドの運命は聖遺物の力を示すための格好の事例であった。ノルマン征服という重大事件も時間の経過とともに，正当化の必要性もそれほど感じられなくなったであろう。また，勝利のためのオドーの役割さえも忘れられていったかもしれない。その時には，ハロルドという人間，またイングランドの運命を破滅へと導いたバイユーの聖遺物の力がいっそう強調され，タペストリーが展示される司教座教会の威光を高めていったであろう。

　L. ミュッセも，バイユー＝タペストリーが，バイユー司教座教会の聖遺物の力を証明し，信者をひきつけるためのも

のであったと主張している。パトロンとみなされる司教オドーの意図は，司教座教会の聖遺物の効力を証明することで，多くの巡礼者たちを誘致することであったのかもしれない。イェルサレムやヨーロッパの聖地への巡礼が盛んであった時期に，信者や巡礼者たちが落とす金や寄付は教会にとって重大な経済的収入であった。こうした事情を考慮すると，バイユー＝タペストリーは，ずっとバイユー司教座教会に置かれていたと想定したくなるのである。そこには多数の信者や巡礼者たちが集まってタペストリーを鑑賞したはずである。

2）多様な要素

バイユー＝タペストリーには多様な要素が含まれている。第1に，多様性は大きく聖と俗に分けられるようであるが，実際にそうであるのかは検討を要する。

他の作品と比較することもできる。ブリリャントは『ロランの歌』との関連性を明らかにしている。その際，かれは，ロマネスク芸術における英雄叙事詩の表象作品としての類似性を認めているわけではなく，むしろ，英雄的主人公たち，集団戦，前兆，裏切り，注釈や説明をともなう事件編成，スピーチ，動物，危険に向かって英雄が時空間を旅する物語構造などを類似点としてあげていることは重要である。ブリリャントは，バイユー＝タペストリーが，世俗的歴史を描く作品としては，むしろ『エル＝シド物語』と同様の特徴をもったことを指摘しているのである。

聖と俗の関連を見るなら，バイユー＝タペストリーのパト

ロンとみなされているバイユー司教オドーに注目すべきである。かれは，この時期，立身出世した聖職者のうち戦争参加が知られる最も有名な人物であろう。かれは司教であったが，同時に，征服後のイングランドではケント伯となり，ノルマン人の直接受封者たちのうちで最も富裕な人物となった。

バイユー=タペストリーにおけるオドーの登場回数は4回であり，ハロルドやウィリアムと比べて多くはない。しかし，その活躍は多面的なものとして描かれ，なによりもノルマンディー公ウィリアムを補佐しながらノルマン征服を勝利へと導いた功労者として位置づけられているようである。ウィリアムの側近としてイングランドへの遠征艦隊の建造を助言し，上陸後は司教として食卓で祝福し，側近としてヘイスティングズ築城の決定に加わり，さらに，戦場においてノルマン軍を鼓舞して勝利へと導いている。

場面35 オドーがウィリアムに遠征助言

場面44 オドーがウィリアムに築城助言

（場面35，43，44，54）オドーにおいては，聖と俗が結びついて体現されていた。また，見逃せないのが，タペストリー

の前半のクライマックス場面ともいえる、ウィリアムに対するハロルドの誓約場面(23)で、ハロルドが手を置いている聖遺物がバイユー司教座教会のそれであり、聖遺物を保持していたのは司教オドーであったという事実である。

場面54　オドーがノルマン軍を鼓舞

　タペストリーには世俗的なものとして、ブルターニュの3城やヘイスティングズ城が見られ、なによりも後半のほとんどは遠征準備とヘイスティングズでの戦闘場面である。しかし、他方、宗教的要素としてボシャム教会、モン＝サン＝ミシェル修道院、ウェストミンスター修道院が描かれ、さらにバイユー司教座教会の聖遺物箱に手を置いての誓約が描かれている。

　聖と俗の区別は現代の研究者の立場からのものである。そもそも、バイユー＝タペストリーが主として描いているノルマン征服でさえ世俗的テーマと言い切れるのであろうか。1066年の軍事的遠征に際して、ノルマンディー公ウィリアムはローマ教皇アレキサンダー2世（在位、1061-73）の承認を受け、教皇の旗を得ていた。まさにその戦いは「聖戦」であったのである。

　多様性の第2点として、キリスト教的背景の中での異教的要素を指摘することができる。そこには、イソップ物語や幻

バイユー=タペストリーと祝宴　33

想的動物の図像などが描かれているのである。タペストリーの上下の縁部分には，当時南仏やスペイン産が有名でノルマンディー公ウィリアムも贈られたと伝えられる馬，また，鳥，魚，犬，牛，狼，駝鳥の他に，ゲルマン的な怪物や古典的な人獣などが見られる。それらは，ロマネスク様式の教会堂フリーズ（壁面の帯状彫刻）や修道院の柱頭装飾を連想させる。

　縁部分に描かれたイソップ物語からの寓話の場面，たとえば狐とカラスとチーズの話は，タペストリーで3回現れる。（場面4, 16, 24）イングランドの最有力貴族ハロルドとみられるカラスと，ノルマンディー公ウィリアムとみられる狐との間のどの位置にイングランド王冠とおぼしきチーズが描かれているかが，現実の王位の行方を描く主要部分の物語展開と密接に関連しているようで興味深い。バイユー=タペストリーの縁部分の機能を研究したマックナルティの言うように，いくつかの縁部分の図像は，主要部分に描かれた物語展開へのインデックス機能をもっているのかもしれない。

場面4　カラスとキツネ、チーズは空中（下の縁部分）

場面16　カラスとチーズをくわえたキツネ（下の縁部分）

　第3の多様性として，地理的要素に関するものがある。タペストリーには，イングラ

場面24　キツネとチーズをくわえたカラス（上の縁部分）

ンド，ノルマンディー，そしてブルターニュの場面が表れる。それらは，イングランドとノルマンディー間の往来とブルターニュへの軍事的遠征である。ハロルドは，イングランドからノルマンディーを訪問し，そしてイングランドへ帰還している。ウィリアム公は，ノルマンディーからイングランドへ遠征している。両者は，いっしょにブルターニュ遠征に出かけていた。さらに，タペストリー前半で3回登場するエドワード王も，かつてイングランドで生まれながらノルマンディーへ亡命して育ち，即位するため，再びイングランドへと渡っていたことをタペストリーの見物人たちは知っていたにちがいない。

第4に，民族的要素の多様性が見られる。ウィリアムの遠征軍がノルマン人を核とする多地域出身騎士たちからなる混成部隊であったことは知られているところである。ノルマン征服は，ノルマン人とアングロ＝サクソン人という異なる民族の接触を引き起こした。征服後，ノルマン征服に関する種々の見方や解釈がなされたことは当然であるとしても，大まかには，イングランド的解釈とノルマン的解釈に分けられる。それと同様に，バイユー＝タペストリーという視覚的資料の各場面についての解釈も，見物人の立場の違いによって相違が生じた可能性がある。そのことは，なによりもまず，バイユー＝タペストリーが異民族・異文化接触の産物であったことを示している。

このような多様性をもつバイユー＝タペストリーではあるが，そうした多様な要素を統合するように，全体がノルマン

人とアングロ＝サクソン人の両民族に共通するキリスト教的世界観（価値観）の中で描かれていることは重要である。民族的，文化的には異質であっても，かれらは，同じキリスト教を信じる者としてキリスト教的世界観を共有しており，「神罰」を恐れる共通の価値観をもっていた。バイユー＝タペストリーは，いずれもキリスト教徒である2つの民族が作り上げた文化的遺産として位置づけることができるのである。チブノールは，ウェストミンスター修道院と相互に影響を与えながら完成したジュミエージュ修道院建築に関連して，それを「新たなアングロ＝ノルマン的ロマネスク」建築という表現を用いて呼んでいる。

　こうしてみると，バイユー＝タペストリーは各種の多様性をもちながらも，現在では明確でなくなっている特定の目的のために，多様な要素がゆるやかに統合されたロマネスク的作品であるといえる。そうしたバイユー＝タペストリーは，展示場所がどこであれ，祝宴のもつ多様性を提供していたのである。

3）楽しみ方

　バイユー＝タペストリーを前にして，多数の人々が集まり，多様な要素をいっしょに楽しんだ。そこには祝宴が現出した。それでは，人々はどのように楽しんだのであろうか。

　まず，見物人たちは，バイユー＝タペストリーを視覚的に鑑賞したはずである。ブリリャントが想定するように，タペストリーが諸侯の大広間において配置された場合，そこでは見ることとテーマとの間に多くの対応関係が見られた。そこ

では，偶然というには余りに密接に統合・設定された広間空間とバイユー＝タペストリーの場面との間での対応関係のネットワークが成立していたとブリリャントは考えている。

　視覚的に楽しめる図像は，ノルマン人の間で共通の関心であったようである。11・12世紀に南イタリアへ移住したノルマン人によって，織物とモザイクを結びつけるような物語的モティーフの導入が行われた。南イタリア都市オトゥラントの彩色モザイクとバイユー＝タペストリーとは大いなる類似性を示している。このように視覚的物語へのノルマン人の好みは民族的あるいは同時代的に共通したものであったと言えるのではないか。

　第2に，バイユー＝タペストリーにおける図像描写は，文字によって補強されている。主要な物語の展開場面には，簡潔なラテン語説明文が挿入されている。そこでは言葉と図像があいまってタペストリーのデザインに影響を及ぼしている。こうして，図像と文字が結びつき，さらに，視覚と聴覚，すなわち音声が結びつくことになる。ブリリャントは，イメージとテキストの補完的関係，そして，その関係のダイナミズムに注目している。テキストは，読むだけでなく，聞くものでもあった。

　木俣氏も，文字と音読との関係について興味深い示唆を行っている。「中世において文字は一般に音読されていたということはよく知られている。時代や状況により変化するが，読むことは基本的に声を発しての朗読であり，書くことも声を発しながらなされ，瞑想も沈黙の中でなされるのでは

なく声を発しながら言葉を口で「咀嚼」しつつ行われた。…したがって中世では，文字は声という実体をともなった言葉の表象だったと考えられる。」（木俣 247）

ラテン語の説明文が音読されることによって，バイユー＝タペストリーを前にした多数の見物人たちは，共同体験を享受することになった。ギャメソンもブリリャントも，そこにガイド役としての補助者の存在を推測しているのである。文字が読める仲介者（intermediary）は，集まった人々が，驚くべき歴史を発見するのを手伝ってくれたのである。

こうした指摘は木俣氏も共有している。「まったく文字が読めない者であっても，聖職者であれ一般の信徒であれ，多少とも識字能力をそなえた者の助けにより，こうした文字が媒介する内容にアクセスできた。…聖堂を飾る美術が「文字を読めない人々のための聖書」であるとする，伝統的な解釈はかなり相対化され，言葉とイメージとのあいだ，そして識字層と非識字層とのあいだに引かれる境界線は，かなり曖昧なものとなる。」（木俣 236）

仲介者の存在によって，見ること，聞くこと，そして知ることが結びついた。残念ながら，バイユー＝タペストリーに関する聴覚資料の記録は存在していない。しかし，図像の中に挿入された文字が，読む者の想像力を拘束したとは考えられない。ブリリャントは，バイユー＝タペストリーが，この見ること，読むこと，聞くことの結合において生き返った，と主張する。すなわち，それは，ガイド役のパーフォーマンスによって実現された生き生きとした図像（imagery）として

再生するのである。

　タペストリーの概観的な文字テキストは，その簡潔さゆえに，読む者，あるいは仲介者が公開で即興を演ずることを許した。あるいは，そうするように鼓舞したであろう。生き生きとした図像，自分の記憶，そして聴衆の熱情が，案内人を刺激したはずである。しかし，性格上，口頭でのパーフォーマンスの記録は残されることはなく短命であった。

　美術作品を前に人々が音声によって結ばれる瞬間を，木俣氏はつぎのように要約する。「美術作品に記入された声を表象する文字は，その前に立って作品を見る者によって実際に声を発しながら読まれたのではないかと考えられる。…そのとき，イメージを取り巻く現実の環境において実際に声が響きわたり，声を発した者は自らの声を聞き，周囲にいる者もその声を聞くことによって，美術が描写する虚構の世界と現実の空間が声という実体を媒介として結ばれることになる。」（木俣 247）

　バイユー＝タペストリーを前にした信者や巡礼たちも，同様の共同体験をもつことになり，それこそは「祝宴」と呼べる楽しみの瞬間でもあった。案内人が演じたスピーチは，いつもタペストリー中の説明文の文字から引き起こされたとは限らない。タペストリー後半の長い戦闘シーンで文字が少ないことは，戦闘そのものが，歴史的事実であったとしても，そうした英雄物語の定型部分を構成していたはずであり，案内人がかなり自由に即興で話すことができたのではないかということを示している。なぜなら，かれの聴衆たちも，実

際に戦闘や戦いの歌がどのようなものであるのかを，十分よく知っていたからである。バイユー＝タペストリーを前にして，案内人も多数の見物人もいっしょに楽しみを共有することができた。すなわち，そこには祝宴が出現していたと言えるのである。

「声という，発せられたそのとき限りで永遠に失われてしまうものが現前することで，過去のできごとが現在の時空においてその瞬間生起する印象をいっそう強める。さらに，見る者は登場人物の発する言葉を声として出すことにより，描写された場面にあたかも自身で参加しているような感覚を身体的に呼び起こすことにもなる。」（木俣 247）

この点において，『ロランの歌』とバイユー＝タペストリーは共通性を示している。ブリリャントは，両者ともに演じられた作品であることを認めながらも，前者が，おそらく「無教養な吟遊詩人（jongleur）」によって，後者は，「教養ある仲介者」によって演じられたと推測している。ガイド役（演じる者）についてのブリリャントの区別を直ちに認めることは困難かもしれないが，バイユー＝タペストリーでは，歴史化された帯状図像が，時空間を物的・視覚的に織り成しながら構成されていたことは間違いない。

見物人たちは，長さ70メートルのバイユー＝タペストリーに描かれる長い旅をハロルドやウィリアムに同行したのである。その際，ヘイスティングズの戦闘参加を勇ましく語りながら歓喜したのか，あるいは，神への誓約を破ることが破滅へと導く神罰を畏れながら涙したのか，いずれにしてもバイ

ユー＝タペストリーの前で現出した祝宴の場を人々は共有していたのである。

5．おわりに

ブリリャントが指摘するように，バイユー＝タペストリーでは，王権のもつ一般的性格ではなく，具体的なイングランド王位の正当な保有をめぐる現実的・政治的次元での展開が描かれている。対立も個人的・王朝的なものに留まっている。こうした問題もグローバルかローカルかの視点から捉え直すことができるであろう。

バイユー＝タペストリーは，いわば「グローカリズム」の視点から扱われるべき事例かもしれない。ノルマン人によるイングランド征服というローカルな事例を取り上げて，限定的目的（ノルマン征服の正当化）を達成するが，さらに，キリスト教世界でのグローバルなメッセージ（神罰）を伝えることをも目的とする。神罰という視点からみるなら，バイユー＝タペストリーの主人公がウィリアムであるかハロルドであるかは，それほど重要ではなくなる。また，タペストリーの主人公を決定するという困難な問題にこだわるより，主人公がだれであろうと変わらないテーマは何かということが重要になってくる。タペストリーでは，ハロルドが捕まり，釈放され，宣誓し，違反して即位し，戦い，そして破滅する一連の物語が展開しており，そのメッセージは，神に選ばれたウィリアムが偽誓者ハロルドを討ったということである。こうして，バイユー＝タペストリーの制作目的は，一見する

と，ウィリアムの戦勝記念や征服の正当化（ローカル）であるように見えながら，さらには，神にかけての誓約を破った人物を破滅へ導く神罰（グローバル）を描くという宗教的教訓へと変化していくのである。

11世紀のヨーロッパ人が共通の世界観を持っていたとしたら，それはキリスト教的見方であった。すなわち，地上の出来事は，それらが世俗的な事柄と見える場合でも，すべては神の計画によるものとみなされたのである。宗教的な事柄も世俗的な事柄も，すべて神の計画に基づくというキリスト教的世界観である。バイユー＝タペストリーは，ハロルドを偽誓者として位置づけることで，ウィリアムのノルマン征服を正当化しようとするものである。内容は戦闘場面など世俗的なものが多く扱われており，一見すれば，教会での展示には適切でないように思われるかもしれないが，しかし，これこそが聖俗未分化であったロマネスク期の作品の特徴なのであろう。

バイユー＝タペストリーの制作意図については，1つに限定することなく複合的なものであった。その機能も，結果的に，時間経過とともに変化していった可能性を無視すべきではない。正当化のためのプロパガンダの必要性は，征服後の時間経過とともに減じていったであろう。司教座教会献堂式のためであれ，司教オドーの英雄化のためであれ，バイユー聖遺物の効力が宣伝され，信者や巡礼者の誘致に貢献したであろう。

ローカルな地域的影響を受けつつグローバルに完成して

いったのがロマネスク様式の特徴であるとすれば,バイユー＝タペストリーはその典型であり,イングランドの伝統技能とノルマン人の独創性とが結合した作品であるといえよう。それは,特殊北西ヨーロッパ地域（ローカル）の文化的融合の結晶であった。しかし,ノルマン征服を正当化しアングロ＝サクソン人に納得させるためには,その戦いが「聖戦」であったのであり,ハロルドの破滅は「神罰」によるものであったと,相手の理解できる概念で説得することが重要であった。その意味では,キリスト教世界における普遍的（グローバル）な概念が必要であった。

世俗的テーマであるか,宗教的テーマであるか,世俗的場所に置かれたか,宗教的場所に置かれたか,いずれの場合であっても,図像と仲介者（解説者）,そして多数の見る者や聴衆がいっしょになって「今ここ」を共有したことは間違いない。そこに集まった人びとは,過去と現在とを結びつけた体験・記憶を楽しんだのである。そうした意味で,バイユー＝タペストリーが提供した場や機会は「祝宴」として捉えられるのである。

(付記) 本稿では木俣元一氏のご指摘を多く引用させていただくことになったが,中世における文字と音読との関係の解釈など,バイユー＝タペストリーを理解するためにも大いに参考になった。記して謝意を表したい。

参考文献

D.J.Bernstein, *The Mystery of the Bayeux Tapestry.* Chicago, 1987.

Richard Brilliant, "The Bayeux Tapestry: a stripped narrative for their eyes and ears," in R.Gameson ed., *The Study of the Bayeux Tapestry.* Woodbridge, 1997. pp.111-137.

C.N.L.Brooke, *The Structure of Medieval Society.* London, 1971.

Richard Gameson, "The Origin, Art, and Message of the Bayeux Tapestry," in R.Gameson ed., *The Study of The Bayeux Tapestry.* Woodbridge, 1997. pp.157-211.

C.Hicks, "The borders of the Bayeux Tapestry," in Do. ed., *England in the Eleventh Century.* Stamford, 1992. pp.251-265.

J.B.McNulty, *The Narrative Art of the Bayeux Tapestry.* New York, 1989.

L.Musset, *La Tapissserie de Bayeux.* 1989.

M.Parisse, *The Bayeux Tapestry: An XI the Century Document*, trans. by W.Courtney. Paris, 1983.

A.Verney, *The City of Bayeux.* Trans. by T.B. & M.Greenhalgh. Cully, Normandie, 2002.

秋山 聡『聖遺物崇敬の心性史 ― 西洋中世の聖性と造形 ―』講談社選書メティエ, 2009.

グザヴィエ・バラル・イ・アルテ著，西田雅嗣訳『中世の芸術』白水社，2001.

浅野和生『ヨーロッパの中世美術 ― 大聖堂から写本まで ―』中公新書，2009.

アンソニー・F・アヴェニ著，勝貴子訳『ヨーロッパ祝祭日の謎を解く』創元社，2006.

ユルギス・バルトルシャイティス著，馬杉宗夫訳『異形のロマネスク ― 石に刻まれた中世の奇想 ―』講談社，2009.

フィリップ・バーサン著，小佐井伸二訳『石と信仰のたわむれ ― ロマネスク芸術の魅力 ―』白水社，1987.

クリストファー・ブルック著，松田隆美訳『中世社会の構造』法政大学出版局，1990.

ジョルジュ・デュビー著，小佐井伸二訳『ロマネスク芸術の時代』白水社，1983.

原野昇・木俣元一『芸術のトポス』（ヨーロッパの中世 7）岩波書店，2009.

池上俊一『ロマネスク世界論』名古屋大学出版会，1999年.

伊藤幹治『宴と日本文化 ― 比較民俗学的アプローチ ―』中公新書，1984.

馬杉宗夫『大聖堂のコスモロジー ― 中世の聖なる空間を読む ―』講談社現代新書，1992.

馬杉宗夫『ロマネスクの美術』八坂書房，2001.

フィリップ・ヴァルテール著，渡邉浩司・渡邉祐美子訳『中世の祝祭 ― 伝説・神話・起源 ―』原書房，2007.

山代宏道『ノルマン征服後のイングランド教会 ― アングロ＝ノルマン聖職者をめぐる「聖」と「俗」 ―』（広島大学文学

部紀要 51-2, 1992)

山代宏道『ノルマン征服と中世イングランド教会』溪水社, 1996.

山代宏道「ノルマン征服とバイユー＝タペストリー ― 歴史叙述と図像資料 ―」『西洋史学報』29（2002）pp.1-21.

山代宏道「バイユー＝タペストリーにみる文化的多元性」『中世ヨーロッパ文化における多元性』（共著者：原野昇, 水田英実, 山代宏道, 地村彰之, 四反田想。溪水社, 2002）pp.7-44.

ジョージ＝ザーネッキ著, 斉藤稔訳『西洋美術全史６, ロマネスク美術』グラフィック社, 1979.

祭りの中の宴
── ミサ聖祭の場合 ──

水 田 英 実

はじめに

　第二バチカン公会議（1962～1965）の際に公布された公文書の一つに「典礼憲章」*Constitutio de sacra liturgia* がある（『公会議公文書全集』pp.3-57, 公会議解説叢書第 7 巻（中央出版社, 1969）所収）。その冒頭部に，イエス・キリストによる救いの秘儀の成就を伝える福音宣布に加えて，具体的な祭式や秘跡においてその救済のわざを行うことが，教会に与えられた使命であるとして，次のように記述しているのを見出すことができる。

　　こうして，人は洗礼によってキリストの過越の秘儀（paschale Christi mysterium）に接ぎ木されてキリストとともに死し，ともに葬られ，ともに復活する。そして，子となる霊を受け，「その霊によって，アッバ，父よと呼び」（ローマ 8・15），父の求める真の礼拝者となる。同様に，主の晩餐（dominica cena）を食する度ごとに，再臨の日まで，主の死を告げるのである。そのために，教会（Ecclesia）が世に現われた聖霊降臨の日，ペトロの「説教を受け入れた人は洗礼を受けた」。そして，「使徒の教えと，パンを裂く交わり（communicatio fractionis panis）と祈りを守りつづけ，…神をたたえ，すべての人から好意を持たれた」（使 2・41～47）。それ以来，教会は，<u>復活の秘儀を祝うためにともに集まる</u>（in unum conveniret ad paschale mysterium celebrandum) ことを欠かさなかった。その際,「聖書全体にわたって,かれについて書かれた箇所」(ルカ 24・27) を読み,「主の死の勝利と凱旋を現わす」聖体祭儀を行う (Eucharistiam celebrando) とともに,キリスト・イエズスにおいて,「神の栄光と賛美」(エフェゾ 1・12) のために,聖霊の力によって「このいい尽くしがたい賜物について,神に」(2 コリント 9・15) 感謝するのである。

　このような偉大なわざを成就するためにキリストは,常に自分の教会とともに,特に典礼行為のうちに現存している。キリストは,ミサの犠牲 (Missae Sacrificium) のうちに現存している。「かつて十字架上で自身をささげた同じキリストが,今,司祭の奉仕によって奉献者として」司祭のうちに現存するとともに,また特に,聖体の両形態のもとに現存している。キリストは,自身の力をもって諸秘跡のうちに現存している。すなわち,だれかが洗礼を授けるとき,キリスト自身が洗礼を授けるのである。キリストは自身のことばのうちに現存している。聖書が教会で読まれるとき,キリスト自身が語るのである。「わたしの名によって 2・3 人が集まるところには,その中にわたしがいる」(マタイ 18・20) と約束したキリストは,教会が懇願し,賛美を歌うときに現存している。(「典礼憲章」6-7. 下線筆者,なお適宜原文からラテン語を補った。)

下線部を付した箇所には「祝う」あるいは「祭儀を行う」という異なる訳語が充てられている。しかし,ラテン語原文を見るといずれも同じ動詞 (celebro) が用いられていることがわかる。そのことから容易に察することができるように,カトリック教会で行われるミサ聖祭 (単にミサと呼んでも同義である) は,祭儀の性格とともに祝宴・饗宴の性格を有し

ているのである。このありかたは古代ローマ時代から，今にいたるまで変わらない。中世ヨーロッパにおいても同様である。そうだとすれば，中世ヨーロッパにおける「うたげ」の一つとして（しかももっとも重要な「うたげ」として ── この点を明確にすることが本稿の課題であるが ──）ミサ聖祭を挙げてよいであろう。

このようなミサ聖祭のありかたを通してうかがい知ることのできる，ヨーロッパ中世における「祝宴」の特質は何か。ミサ聖祭という，「まつり」との濃厚な関係を有することを特徴とする「うたげ」が存しているということは，われわれに何を物語っているのであろうか。

もっとも「うたげ」が「まつり」と決定的な関係を有することは，ヨーロッパ中世の祝宴に限らない。じっさいこの関係は「まつる」という日本語そのものが含意していることでもある。しかしもし，中世ヨーロッパにおいて様々な祝い事が執り行われるに際して，行事の中核をなす部分で，何か特筆に値する理由によって，ミサが挙行されたとしたら，その理由は何か。そもそもミサ聖祭そのものが「うたげ」の性格を有すると言うことができるのは何故か。祝い事の中心でミサが行われ，ミサの中で「主の晩餐」が行われるのである。この点を再考することを通して，ヨーロッパ中世における「祝宴」の特質を探ってみたいと思う。

1. 問題の整理

先に指摘したとおり，「典礼憲章」の中で，「復活の秘儀を祝

う」ことも「聖体祭儀を行う」ことも共に同じ動詞（celebro）を用いて表現されている。いずれの行為も名詞形は celebratio である。たしかに、「まつり」のときにも「うたげ」のときにも大勢の人々が集まる。しかも大勢の人々がただ一緒にいるだけではなく、一定の意向を持って集まっているという共通点がある。そのようないわば一体化した人々によって共同して儀式・祝典が挙行されるのである。

そういう行為が、いずれも celebratio という同一のラテン語によって表現されることから、「まつり」と「うたげ」の性格を共に見出しうるところに celebratio の特質が存しているとみて、ミサ聖祭もまた何らかの「祝宴」でありうると指摘したのであった。しかしそれだけの理由しかないのであれば、特にミサ聖祭に限って、それを祝宴と見なす理由でないことは言うまでもない。（ラテン語の celebratio が、12世紀にフランス語 célébration になり、さらに英語 celebration になる。*OED* は 16 世紀の用例を収録している。ちなみに「セレブ」もさかのぼればラテン語 celebritas に由来する語である。ラテン語 celebritas の「名声」・「評判」という原意は、多くの人々の注目を集めること（また、そういうひと）を表す点で celebratio に通じる。ただし日本語のセレブではこのような原意が損なわれており、単に特に資産家を羨望して用いる。）

ところで、日本語のカミ（神）という言葉の由来をたずねる作業を通して、「カミは数が多く、元来、姿形もなく、地上の特定の場所に住むものでもなく、漂動して、人にヨリツキ、カミガカリする」といったアニミズム的信仰が基礎にあ

ること，しかも「天地の種々さまざまなもの，山・坂・道・門など，多くの場所から動作・作用までを領有し支配している」という極めて人間的な特徴を有することを明らかにできるという。それでは「このカミに日本人はどう対したか。」
(大野晋『一語の辞典・神』三省堂，1997)

> 古代日本人がカミに対してしたことは，第一にマツルことである。カミを招請して祈願するには，必ず山海の美味・珍味を捧げた。マツルとは起源的には，食物を供え，酒を差し出すこと。マツリとは現在では「桜まつり」「古本まつり」などと広く神事に関係ないことにも使う。しかしマツリは本来，カミに祈願するために酒食を捧げることであるから，小集落・村・国とそれぞれの単位ごとに，各地に神社が建てられると，毎年豊作の祈願と感謝の祭りが行なわれた。そこでは，カミを喜ばせるために酒食を供する他に歌舞なども行われた。国家の長としては，カミへの奉仕をすることが最大の役目であったから，「マツリゴト＝カミへの奉祭＝政治」という考えが成り立ち，日本語では政治をマツリゴトといい習わしてきた。つまり日本では政治は，人々が集まって多数で決議することによって始まったのではなく，神に物をマツリ，神の加護を求めることに始まり，その系譜で引き継がれてきたことが分かる。　(前掲書，pp.21-22)

これによれば，日本の「祭り」は古来，酒食を供することなしに行われることはなかった。宴に対する決定的な関係を有していたから，祭りがそのまま宴でありえたのである。しかしながらこのような祭りのありかたが，そのままミサ聖祭の中にも見出されるというわけではない。たしかにミサにおいても祭りと宴の間に不可分の関係がある。しかしその関係は，ミサ聖祭に固有である。日本の祭りにおいてカミを祀る

のは，選ばれた民として，神から救済を約束された人たちではなかったからである。

> そもそもカミと人間は契約によって結ばれたものではない。カミは人間に食糧を与えるという契約などは結んでいない。カミは奉献を受ける代償として，豊穣と安穏を与える存在だった。（前掲書，p.22）

これに対して，

> キリスト教の基本には唯一の全知全能の God があり，それが思想，学芸，法律体系の基礎にある。それを「神」として日本語訳の聖書に持ち込んだ結果，日本古来の「神」との間に混同が起こっている。（前掲書，p.85）

そのことが問題をいっそう複雑にしているのである。日本語を使用することに伴って新たな混乱が生じうるからである。

> 日本のカミは本来どんな意味の言葉で，どんな由来を持つのかが，従来一般には明らかにされてこなかった。しかも平安時代以後，一〇〇〇年にわたってカミはホトケと習合していたから，意味を明確に限定できず，曖昧なまま推移して来た。だからキリスト教の「唯一全能の神」という捉え方がカミに適用されても，人々はその相違に敏感に反応することはない。（前掲書，p.85）

無用な混乱を避けるために，トマス・アクィナスが『神学大全』（Thomas Aq., *Summa theologiae*）第3部第73～83問の「聖体の秘跡（sacramentum Eucharistiae）」を取り上げた議論の中で，「祝い」の意味を併せ持つ celebratio という語を用いていることを補足しておこう。その箇所では，ミサの中で行われる聖体祭儀を取り上げて，「この秘跡の執行においてキリストが犠牲として捧げられるか（Utrum in celebratione huius sacramenti Christus immoletur.)」(第83問第1項。訳文は稲垣良典訳トマス・アクィナス『神学大全』第44冊(創文社, 2005)による。celebratio を「執行」と訳したのは,訳者注によれば,celebratio は「祝う」「祭りを祝う」というのが本来の意味であるが,ここではミサの祭儀を「行う」という意味に解したからであるという。)と問うている。

この問いに対して,「この秘跡の celebratio」は二つの理由で,キリストを犠牲として奉献することにほかならないと答えている。それは,一つにはこの秘跡が,十字架上で生け贄として屠られるにいたったキリストの受難を,何らかの仕方で再現する象(かたど)りだからであるという。二つには,キリストの受難の結果に関わることとして,われわれはこの秘跡を通して,主キリストの受難の実りに与るものになるからであるという。

しかし,第一の理由でキリストが犠牲として奉献されると言われるのは,司祭によって「執行」されるこの秘跡において,奉献者自身が文字通り(キリストの受難の場合にそうであったように)奉献者自身を奉献する仕方で,キリストの受難が再現されるからではない。かえって会衆がその場に居合わせて見守る中で,司祭は秘跡の形態をとって現存するキリストを犠牲として象徴的に奉献する祭儀が執り行われるのであれば,司祭のみがこの celebratio に関わっているわけではない。第二の理由についても同様である。キリストの受難の実りに与ることができるのは,司祭に限らないであろうからである。

ヨーロッパ中世におけるさまざまな祝祭典が、じっさいにどのように執り行われたのか、どのような場合にミサが行われたのかといったことについて十分な検証を要することは言うまでもない。しかしここでは特に、ミサ聖祭の中でキリストの受難を再現し、受難の豊かな実りに与るために行われる、聖体の秘跡の celeblatio は、いかなる意味で「祝宴」であったかということを考察の課題としたい。

2. ミサ聖祭

ミサは、大きく二つの部分に分かれる。ことばの祭儀として『聖書』の朗読が行われた後に、「エウカリスティア（eucharistia, εὐχαριστία）」（「喜び（χαρά）」と「良い（εὖ-）」を合成させた語。「感謝」の意）と呼ばれる聖体祭儀が執り行われる。ミサの間に、信者たちはキリストの血と体として聖別されたパンとぶどう酒を拝領する。聖体拝領（ラテン語で「コムニオ（communio）」、原義は「交わり」。両形態での拝領については時代による変遷がある。）は信者のみに許された。そのため、初期の教会では祭儀の途中に「ミッサ（missa）」と告げて、信徒以外の退去（missa catechumenorum）を求めたといい、そこから「ミサ」の名ができたともいう。

しかしキリスト教社会への移行が進めば、途中で退去を求めることは不要になる。そこでむしろ、ラテン様式のミサの終了時に、散会を告げるために言われる「イテ・ミサ・エスト（Ite, missa est）」という文句に名前の由来があるとされる。いずれにしてもミサという呼称は、古代ローマの中でも

ラテン語圏で生まれたのである。

　ところでミサという名前の由来について，トマス・アクィナスは「天使」の役割に言及して，次のように説明している。

> 会衆は司祭を通して，司祭は天使を通して，神に祈りを送る（mittit）。またキリストはわれわれに送られた（missa）犠牲^{いけにえ}である。だから，祝日のミサの終わりに，「行きなさい，(犠牲^{いけにえ}は，神に受け入れられるように，天使によって神へと) 送られました（Ite, missa est)」と言って，助祭が会衆に解散を告げる。（『神学大全』3,83,4 ad 9）

しかし「実際には，Ite, missa est は，宗教祭式，集会，裁判等の終了にあたって古代ローマ以来用いられてきた方式をとり入れたもの」であり，そこから「この言葉でもって閉じられる聖なる祭儀の全体を「ミサ」と呼ぶ慣行が生まれた」(前掲箇所，稲垣訳注) とされることは前述の通りである。この周知の説に対して，トマス説はミサの語義を神学的に論じているけれども，それによって時間的な成立過程を明らかにしているわけではない。むろん時間的・歴史的な説明を否定しているわけでもない。

　じっさい初代教会における典礼（liturgia）について，その原型と変遷の歴史に触れる際には，「典礼には，それぞれの文化と結びついて発展してきた祈りと儀式とがある。正確には，イタリー半島を中心に発展してきたラテン様式の典礼を「ミサ」という」(沢田和夫「初代教会の典礼」p.38（安斎伸・土屋吉正共編『教会と典礼』中央出版社, 1967）所収) ことを念頭に置いていなければならない。

祭りの中の宴　55

「典礼 (liturgia)」という語も，ギリシア語 λειτουργία に由来している。パウロ書簡に，キリストが「ただ一つのささげ物によって，神のものとされる人々を，永遠に全きものとなさった」のに対して，旧約の「すべての祭司は日ごとに祭儀を行い，同じようないけにえを繰り返してささげていますが，それらは罪を取り去ることは決してできません。(Καὶ πᾶς μὲν ἱερεὺς ἕστηκεν καθ᾽ ἡμέραν λειτουργῶν καὶ τὰς αὐτὰς πολλάκις προσφέρων θυσίας, αἵτινες οὐδέποτε δύνανται περιελεῖν ἁμαρτίας.)」(「ヘブライ人への手紙」10,11) と記しているところがある。ラテン語訳は ministrans である。ラテン語の liturgia が，「公けの礼拝」を意味する用語として定着した時期は，かなり新しいのである。(このラテン語は，*Dictionnaire latin-français des auteurs chrétiens* (ed. by A. Blaise, Brepols, 1954) には収録されており，"service de Dieu" を語義とすることが記載されているけれども，*Oxford Latin Dictionary* (ed. by P.G.W.Glare, Oxford, 1982) にも *A Latin Dictionary* (ed. by Lewis & Short, Oxford, 1879) にも収録されていない。トマス・アクィナス『神学大全』の語彙の中にも含まれていない。カトリック教会の公文書の中に現れるのは，十九世紀の半ばのことであるという。)

　ことばの祭儀から聖体の祭儀へと進むミサの次第にしても，ミサという名前そのものにしても，最初から存在していたわけではなかった。歴史的な経緯があることを指摘することができるのである。「典礼憲章」に引用されているように，『聖書』にはミサ典礼の原型と思われる，初代教会における

キリスト教徒たちの生活が, 簡潔に「一同は, ひたすら使徒たちの教えを守り, 兄弟的交わりをなし, パンを裂き, 祈りをしていた」(「使徒行録」2,42) と記されている。そこに記された, 教え・兄弟的交わり・パンを裂くこと・祈り という四つの要素がミサ典礼の原型と考えられるのである。(cf. 前掲箇所, フランシスコ会聖書研究所訳注)

キリストが最後の晩餐にあたって定めた (マタイ 26,26-28, マルコ 14,22-24, ルカ 22,17-20, 一コリント 11,23-25) のは,

> 共同体の供宴として, 愛の晩餐として, 一つの食卓を囲んで, 一同食事をともにする会食の形で行われる新約の共同体的祭儀であって, これが聖体の秘跡すなわちミサのもとの姿だったのである。(土屋吉正「典礼に対する信仰心の変遷」p.57 (安斎伸・土屋吉正共編, 前掲書所収))

「パンを裂く」聖体祭儀は,

> キリストの救いのわざを, 共同でたたえる感謝の祭りで, まず救いのわざが述べられ, 一同は感謝の心をもってパンとブドー酒のもとに, キリストのいけにえと信者の捧げ物を合わせてささげ, キリストの救いの恵みが現実に, その場に存在するものとされて, 一同がこれにあずかるエウカリスチア, いわば「感謝の儀」であった。(同, p.57))

時を経て, ミサ典礼は次第に整備されていく。それと並行して会衆が祭壇から遠ざけられる傾向も強まっている。この点は注意を要する。ヨーロッパ中世において, ミサ聖祭の荘厳化がみとめられるからである。荘厳化したミサの中で, 難しい節回しの歌は聖歌隊しか歌うことができなかった。聖歌隊を構成していたのは, 訓練を受けた修道士たちであろう

から，結果として，ミサ中に一般の会衆が声を出して歌う機会は失われていく。加えて，ラテン語の典礼文を容易に理解することができたのは，ラテン語を解さなくなった会衆ではなく，教育を受けた聖職者と修道士たちに限られていたであろう。

さらに大聖堂では，祭壇と会衆席の間に仕切りが設けられていたから，遠くから祭壇を眺める会衆には，一堂に会してはいても，一つの食卓を囲むときに得られるような一体感を味わうことができなくなっていったのではないかと危ぶまれる。(歌ミサ (missa cantata) や荘厳ミサ (missa solemnis) に対して，読唱ミサ (missa lecta) では，司祭が小声で典礼文を唱えるのみで会衆はもっぱら沈黙している。近世になると，個人主義的傾向を反映して読唱ミサが標準化されたために，会衆もまたミサの間ひたすら個人的に祈り，黙って説教に耳を傾けるのみで，司祭との応答を通して共同体の祈りに参加する姿勢を損なわせる結果になった。(相馬信夫「ミサと教会」(安斎伸・土屋吉正共編，前掲書所収) 第二バチカン公会議において重要な課題として典礼刷新が企図されたのはその是正のためである。)

ただし中世を通じて，小教区では全信徒による共同体の営みとして，日曜日毎に主日のミサが行われたともいう。しかし反対の指摘もある。既にアウグスティヌス (354-430) が，主日のミサに信者たちを集めるために苦労し始めていたというのである。いわゆる「私唱ミサ」をささげる習慣が始まった時期である。

　ミサは本来，信者が集まって共同体の祭儀として一つのい

> けにえをささげる共同の祭儀であって，その共同体全体のためにささげられたものであった。それが個人，または少数の人びとのために，司祭が依頼を受けてミサをささげる習慣が始まった。…こうして古代末期の典礼には，本来の共同体的性格が次第に希薄になり，個人的に自己の霊性を養うことが典礼に求められたので，キリスト者の祈る態度も，信仰心も神との個人的交わりのほうに傾き，典礼や秘跡はそのためにただ利用されるような状態になっていった。
> （土屋吉昭「典礼に対する信仰心の変遷」（前掲書所収）p.67）

このような個人化・内面化の傾向が，中世になっていっそう顕著になっていったとされる。この傾向は，中世ヨーロッパの修道院における典礼生活についても同様であった。

> 中世の修道院の生活を概観すれば，…典礼的な祈りと個人的な祈りとはだいたいにおいて一致が保たれ，典礼生活と内的生活とは調和したものだった。キリストの秘儀を地上に継続するミサ聖祭の執行，これを一年を周期として記念する祝日，一日を周期として記念する聖務日課によって生活の光と力とをキリストの秘儀よりくみとっていた。しかし，他方では個人的な信仰心を満足させようとする傾向が絶えずこの一致を困難なものにしていた。（前掲書 p.74）

3．ミサ典礼の変遷

　典礼の中心はミサ聖祭──その中で聖体の秘跡が行われる──である。キリスト自身が定めたとされる秘跡（Sacramenta）のほか，聖務日課（Officium Divinum），聖体降福式（Benedictio Eucharistica）などが典礼に含まれる。ミサにおいて用いられる典礼文は，『聖書』から取られたことばだけでなく，それをもとにして教会の中で作られたことばも多く

含んでいる。時代の変遷に応じて変わる部分を含んでいるのである。この点について「典礼憲章」は次のように言う。

> 典礼は，神の制定による変更不可能な部分と，変更可能な部分から成り立っている。後者は，時代の変遷とともに変更が可能であり，適当でなくなったり，あるいは，典礼の本質的な性格に適合しないものが入り込んだ場合には，むしろ変更すべきものである。(「典礼憲章」21)

典礼が時代の変遷と共に変化していることは，初代教会の典礼との比較によって明らかになる。

さて，ミサ聖祭 ——その中心に聖体の秘跡が位置している—— の執行の手順を，典礼文に即して解説しているところが，先に言及した『神学大全』第3部の中に（第83問第4項）ある。ただしトマスの論述に時代の変遷という視点があるわけではない。また同書第1部序文に「この書においてわれわれの意図するのは，キリスト教に関することがらを，初学者を導くにふさわしい仕方で伝えることである」（山田晶訳トマス・アクィナス『神学大全』p.77）と明記されているように，この著作が読者として想定しているのは，「キリスト教の教えを学び始めたひとたち（novitii doctrinae Christianae）」である。あくまでもキリスト教神学の観点から，簡潔を旨として論述した著作である点に注意し，かつ歴史的な変遷を補足しながら，解説の跡を辿ってみよう。(歴史的経緯については前掲の沢田和夫「初代教会の典礼」を参照した。)

なお「トマスの時代には，必ずしも常に一様ではなかったが，ローマ-フランク式典礼が広く守られていた。トマス自

身は，ローマ-フランク式典礼の系列に属するドミニコ会版に従ってミサを捧げていた。これはドミニコ会第五代総長フンベルトゥス・デ・ロマーニス（1194頃〜1277）のもとで編集され，1256年に法的に確定したものである」（稲垣，前掲書，訳者注687）という。（ちなみに，第二バチカン公会議（1962-1965）後の1970年に教皇パウロ六世が新しいローマ・ミサ典礼書（Missale Romanum）を発布するまで，基本的に1570年に教皇ピオ五世が定めた典礼書が用いられた。この典礼書は，トリエント公会議（1545-1563）において，ミサの様式の統一をはかることが決議されたことにもどづいて制定されたものである。しかし主要な部分は四世紀の典礼に遡りうる。1962年に教皇ヨハネ二十三世が公布した最終版が「特別の形式」として現在も保持されている。(cf. 浜寛五郎訳デンツィンガー・シェーンメッツァ『カトリック教会文書資料集』（エンデルレ書店，1974））。

　典礼文に関するトマス・アクィナスの論述は，いくつかの異論を取り上げるところから始まる。取り上げられた異論は，いずれも典礼文の中に不適当な部分があると主張する。中でも最初の二つは，司祭が典礼文に従って，キリストのことば以外のことばを発するのは不適当であると主張する。それは「この秘跡はキリストのことばによって聖別される」からである。「それゆえにこの秘跡においては，キリストのことば以外の，いかなることばも語られてはならない。」（第1異論）

　こういった主張に対してトマスは逐一解答している。第一異論に対しては，「聖別はキリストのことばのみによって完

遂される。しかしそれ以外のことが，この秘跡を拝受するひとたちの準備のために付加されなければならない」と論駁する。異論を全面的に排除するのではなく，「秘跡を拝受するひとたちの準備」という，異論にない観点を導入しているのである。

(1) 賛歌

典礼文の解説にあたって，トマス・アクィナスはまず，「秘跡を拝受するひとたちの準備」が必要である理由が，この秘跡の重大性・重要性にあることを指摘する。

> この〔聖体の〕秘跡のうちには，われわれの救いの秘儀の全体が含まれている。だから，他の秘跡にまさって，より大いなる荘厳な儀式をもって執行される。「コヘレト（伝道の書）」（4,17）に「主の家に入るときは足に気をつけよ」とあり，また「シラ書（集会書）」（18,23）に「祈りの前に心をよく整えよ」と記されている。それ故に，この秘儀を執り行う（祝う）前に，まず準備をして，後に続くことがらをふさわしい仕方で遂行するために備えるのである。

トマス説によれば救いの秘儀の執行に際して，最初に，この秘儀の執行にふさわしい仕方で準備をすることが求められる。「秘跡を拝受するひとたち」の存在が考慮されていることは言うまでもない。準備の第一部は「入祭唱（Introitus）」から始まる。

> 〔秘儀の〕準備の部の最初は，「入祭唱（Introitus）」においてなされる神への賛美である。これは，「詩編」（49,23）に「いけにえとして賞讃をささげる者は，わたしに賛美を帰する。そこにわたしが彼に神の救いを示す道がある」と言わ

れる通りである。入祭唱は「詩編」からとられることが多い。少なくとも「詩編」とともに歌われる。

もっとも入祭唱を歌うようになったのは、キリスト教が公認された後の時代である。大聖堂が建てられてから、荘厳な入祭行列が行われるようになった。それ以前の時代に、個人の家やカタコンブでミサが行われていた頃には、入祭唱を歌うことはなかった。

次に「キリエ（Kyrie）」に進む。

> 準備の第二の部分では、現前する悲惨さを心に留めて、神の憐れみを請い求める。すなわち無知と罪と罰という三つの悲惨なことがらのために、あるいは〔三つの〕ペルソナがすべて相互に内在していることを表すために、父なるペルソナに向かって三度「主、憐れみ給え（Kyrie eleison）」と唱え、子なるペルソナに向かって三度「キリスト、憐れみ給え（Christe eleison）」と唱え、聖霊なるペルソナに向かって三度「主、憐れみ給え」と唱える。

歴史的に言うと、キリエ（憐れみの賛歌）は五世紀にローマ典礼に取り入れられた。エルサレムで行われていた東方典礼の中で歌われていた「嘆願呼唱」を取り入れたものであって、もともとのミサにはなかったことが知られている。

続いて「グロリア（Gloria）」と「入祭祈願（Oratio あるいは Collecta ともいう）」が行われる。

> 第三の部分では、「いと高きところにおいては神に栄光（Gloria in excelsis Deo）」と唱えて、現前する悲惨さを越えてわれわれがめざそうとする天上の栄光を心に留める。第四の部分では、会衆がこの大いなる秘儀にふさわしい者となるよう、司祭が会衆のために祈りを捧げる。

グロリア（栄光の賛歌）は，ギリシア典礼の朝課から取り入れられたもので，六世紀にはギリシア語のままであったけれども，その後ラテン語で唱えるようになったという。いずれにせよ，もともとのローマ典礼のミサの部分ではなかった。

入祭祈願は準備の第一段階の終わりに位置している。もとは上述の「嘆願呼唱」を締めくくる祈りであったというから，五世紀にさかのぼる。早い時期にローマ典礼に取り込まれているけれども，この部分も最初からあったわけではない。このように見てくると，秘儀の前段を構成しているこれらの賛歌は，いずれもローマ典礼の中に最初から含まれていたものではなかったと言わなければならないことになる。もっとも，最後の晩餐のあとで「一同は賛歌をうたってから，オリーブ山へ出かけて行った」（マタイ 26,30；マルコ 14,26）のである。キリストを犠牲（いけにえ）として奉献する儀式の前に，賛歌を歌うことが，適切を欠くとは言えない。

(2) 教導

次に第二段階の準備として，信徒である会衆の教導が行われる。この部分では，聖体の秘跡という信仰の秘儀に関する教導のために，使徒たちの書簡や旧約の預言書が朗読された。預言書や書簡が朗読されるのは初代教会以来のことであった。

> ミサの中で行われる聖体の秘跡は信仰の秘儀であるから，そのことについて預言者や使徒たちの教えを通してしかるべき教導がなされる。すなわち教会で読師（lector）や副助祭（subdiaconus）によって預言者や使徒の書が朗読される。

> 朗読の後に，聖歌隊によって「昇階唱 (Graduale)」と「アレルヤ (Alleluia)」が歌われる。「昇階唱」は人生の歩みを表し，「アレルヤ」は霊的な歓喜を表す。〔四旬節のミサなどでは，「アレルヤ」に代えて〕「詠唱 (Tractus)」が歌われる。これは霊的な嘆きを表す。こういった歓喜や嘆きは，上述の教導によって会衆のうちに生じるべきものだからである。

アレルヤは既に四世紀に「朗読の前の典礼聖歌」としてローマ典礼に取り入れられていたという。昇階唱が取り入れられたのは五世紀である。それ以前は「詩編」をそのまま歌っていた。

ところで，聖体の秘跡の重大性・重要性が，旧約の預言書や使徒の書簡の朗読を通して教導されることに加えて，聖歌隊が会衆に代わって信徒の抱くべき歓喜や嘆きを歌うという荘厳な様式に反映していることが指摘される。会衆の存在が見失われているわけではない。しかし大聖堂の中で荘厳に執り行われるミサが，次第に聖体の秘跡に近づいていきながらも，そのいっぽうで会衆と祭壇の隔たりが拡大されることへの懸念が増していくこともまた否定できない。

「書簡」や「預言書」に続いて「福音書」が朗読され，秘儀の核心部分の教導が行われる。その後に「信経」を唱えて信仰宣言を行う。

> 会衆が完全な仕方で教導されるのは，福音書の中にあるキリストの教えによってである。福音書の朗読は，上級の聖職者である助祭 (diaconus) によってなされる。われわれは，「もしわたしがあなたたちに真理を話すなら，どうしてあなたたちは私を信じないのか」(ヨハネ 8,46) ということば

に応じて，キリストを神の真理として信じる。そこで，福音書の朗読に引き続いて「信経 (Symbolum fidei)」を歌う。これによって会衆は，信仰の教えを通してキリストへの同意を宣言するのである。信経が歌われるのは，この信経の中で言及されることを記念して行われる祝祭，すなわちキリストや聖母マリア，あるいはキリスト教信仰を基礎づけた使徒たち等々を祝う祭典のときである。

「わたしは唯一の神を信じます。(Credo in unum Deum.)」と唱えて始まる信仰宣言は，ニケア公会議（325年）にさかのぼる。しかし「これがローマ典礼のミサに取り入れられたのは十一世紀になってからのことである。ミサに取り入れられるまでに七百年以上もひまどったわけはアリア主義異端に対する信仰宣言を特にローマ典礼に取り入れる必要はないと思われたからである。」(沢田，前掲書 p.41)

(3) 奉献・聖別・拝受

聖体祭儀に向けて聖書の朗読が行われた後に，秘儀を執り行う段に入る。この秘儀において犠牲(いけにえ)の奉献が行われ，秘跡として聖別され，拝受される。

奉献に関しては二つのことが行われる。奉納の歌を捧げて喜びを表す会衆の賛美と，会衆の奉納が神によみせられることを請い求めるための司祭の祈りである。… 次に超自然的なちからによって聖別が行われる。聖別に際して，まず「叙唱 (Praefatio)」において会衆は，信仰へと心を動かされ，さらに「心をこめて主を仰ぎみる」ように勧められる。叙唱が終わると，「聖なるかな，聖なるかな，聖なるかな」と唱えて天使たちと一緒にキリストの神性を賛美し，「ほむべきかな，来るもの」と唱えて子供たちと一緒にキリストの人性を賛美する。次に司祭は，密やかに記念の祈りを唱

える。…

初代教会の信者たちは、じっさいにパンとぶどう酒を持参してミサに集まったという。その奉納行列の際に詩編の一部を歌うならわしはアウグスティヌスの頃（397年）にさかのぼるという。司祭が「ホスティア」を高く奉持する式は十二世紀、ぶどう酒を入れた「カリス」を高く奉持する式は十五世紀のもので、「それより以前は、助祭がパンとぶどう酒を祭壇に置くのみであった。」（沢田、前掲書）

記念の祈りについての解説は、この奉献が「全教会のために」なされただけでなく、教皇や司教その他の司牧や教導にたずさわるひとたちのために捧げられるとともに、司祭が特にその人のためにささげる意向をもって行われる「私唱ミサ」の場合もあったことを示している。

> 続いて聖別に進む。ここでは司祭は、まず「神よ、願わくはこの捧げ物を (Quam oblationem tu, Deus,) …」と祈って、聖別の結果を請い求める。次に「主は、御受難の前日 (Qui pridie quam pateretur) …」と祈って、救い主のことばによって聖別を実際に行う。第三に、… 司祭は〔キリストに代わって秘跡を執り行う〕僭越の許しを請い、第四に、… 献げられた犠牲(いけにえ)が神に嘉せられたものとなることを請い、第五にこの犠牲(いけにえ)と秘跡の結果を … 拝受するひとたちのために、… また、もはや拝受できない死者たちのために、… また特に、この犠牲(いけにえ)を奉献する司祭たち自身のために請い求める。

第一の祈りは、ローマ典礼において、聖別の直前に「神よ、願わくはこの捧げ物を祝し、… これが、われらのために、

御身の最愛の御子，われらの主イエズス・キリストの御体，御血とならんことを。(... ut nobis Corpus, et Sanguis fiat dilectissimi Filii tui Domini nostri Jesu Christi.)」と唱えるものであった。第二の祈りもローマ典礼のミサ典文 (Canon missae) の中にある。「主は，御受難の前日，その聖なる尊い御手にパンをとり，天に在す全能の御父なる御身の方に目を上げ，御身に感謝し，それを祝して，分け，弟子らに與えておおせられた。皆，これを受け，そして食べよ。」聖別のことばがこれに続く。「実に，これは私の体である。(Hoc est enim corpus meum.)」「実に，これは，新しくそして永遠なる契約の，私の血のカリスである。… (Hic est enim calix sanguinis mei, novi et aeterni testamenti: ...)」

　次に秘跡の拝受が行われる。最初に会衆が拝受のための準備をする。全会衆の共同の祈りすなわち「主の祈り (Oratio Dominica)」を唱えて，「われらに日々のパンを與え給え」と祈るとともに，司祭は「主よ，われらを解放し給え (Libera nos, quaesumus, Domine)」と唱えて，特別な人のために個人的な祈りを捧げる。次に，会衆が「神の小羊 (Agnus Dei)」を唱え，平和を得ることによって準備を整える。この秘跡は一致と平和のためのものだからである。… 続いて秘跡の拝受が行われる。最初に司祭が拝領し，その後で他の人たちに与える。「神のものを他者に与えるひとは，そのひと自身が先にそれを分け持つものになるのでなければならない」(ディオニュシウス『教会位階論』第3章) からである。

「神の小羊(アニュス・デイ)」は七世紀にビザンチン典礼からミサに取り入れられた。「世の罪を除き給う神の小羊，われらをあわれみ給え」と歌うキリスト賛歌である。「復活されたキリストが

もたらされる平安を心から祈る歌であるから「平和の賛歌」と呼ばれている。」(沢田, 前掲書) 十二世紀に,「われらに平安を与え給え」という祈りが加えられた。

(4) 閉祭

　　最後にミサの祭儀の全体が感謝のうちに閉じられる。会衆は, 秘跡を拝受したことの歓喜を表す聖体拝領後の賛歌によって, 司祭は, 感謝を捧げる祈りによって, ミサの祭儀を閉じるのである。これはキリストも,「弟子たちとともに過越の食事をして祝った後で, 賛歌を歌われた(sicut et Christus, celebrata Cena cum discipulis, hymnum dixit,)」(マタイ 26,30) ことに因んでいる。

初代教会でじっさいに賛美歌が, どのように歌われていたかということは明確でない。ローマ典礼の中でグレゴリオ聖歌 (単旋律・無伴奏) が歌われるようになるのは七世紀 (グレゴリオ一世の在位は 590 年〜609 年) である。ミサ曲の中にポリフォニーが持ち込まれるのはルネサンス時代のことであるけれども, 聖歌隊の歌唱を伴う荘厳なミサ (Missa cantata, Missa solemnis) の歴史は中世に遡る。

時の経過とともに式次第を整えていったミサの祭儀であるけれども, それが十字架の死を迎える直前にキリストが弟子たちと共にした祝宴である「最後の晩餐」の延長上にあることは, 上記の「典礼憲章」の引用でも言及されている通りである。目に見えるかたちで「執り行われる」地上の祭儀が, そのまま天上の祝宴を象徴しているのである。天上の祝宴との関係は, 時の経過によっても変わらない。

じっさい「ぶどうの実からつくったもの」を一緒に飲むこ

とはもうない，という最後の晩餐でのキリストのことばは，死が目前に控えていることを告げるとともに，「わたしの父の国であなたたちといっしょに新たに飲むその日まで」(マタイ 26,29) という予告を伴っている。終末のときにはじまる天上の大祝宴の比喩は，他の箇所でも繰り返されている。

> 天の国は次のようにたとえられる。ある王が王子のために結婚の披露宴を催した。王は，披露宴に招いた人々を迎えに，しもべたちをつかわしたが，その人々はこようとしなかった。… そこで，〔王に命じられた〕しもべたちは道に出て行き，出会う人をみな，よい人も悪い人も，集めてきた。…　(マタイ 22,1-14)

4．最後の晩餐・過越の祭り

『聖書』が伝える「最後の晩餐」は，各福音書の間で記載の仕方に微妙な相違があるために，解釈をめぐって議論がある。ヨハネによると最後の晩餐が行われたのは，ニサンの月（イスラエルの宗教暦の正月，現行の太陽暦では3月から4月にあたる）の 14 日であるから，律法の規定による過越を祝うための食事ではなかったことになる。

14 日の夕方に屠られたいけにえの小羊は，日没後すなわち翌日に（ユダヤの暦では日没から一日が始まる）種なしパンと一緒に荘厳な儀式をもって会食されたからである。過越の祭りは種なしパンの祭りと連続して祝われたけれども，厳密には別々の祭りであった。過越の祭りはニサンの 14 日の夕に行われ，種なしパンの祭りは15 日のはじまりから七日間行われた。ただし共観福音書は，イエスが弟子たちとともに過

越の祭りと種なしパンの祭りを祝ったように記している。最後の晩餐が行われたのは，過越の祭りの当日（15日）であったのか前日（14日）であったのか，記述にずれがあるけれども，いまその解釈の詳細に立ち入ることは避けて，「ルカによる福音書」第22章の記述をたどってみよう。（並行した記事は，マルコ第14章，マタイ第26章，ヨハネ第13章にある。フランシスコ会訳注参照。）「種なしパン（panis azymus）」は，小麦粉に酵母を混ぜずにつくるために膨らんでいない。しかし準備に時間を必要としないという利点があった。

(22.1) 過越といわれている種なしパンの祭りが近づいていた。

以下，晩餐についての記述が続く。

(22.7) 過越のいけにえがほふられる種なしパンの祭りの日がきた。
(22.8) イエズスはこう言って，ペトロとヨハネを使いにお出しになった，「行って，過越の食事ができるように用意をしなさい」と。
(22.13) かれらは過越の食事を用意した。
(22.14-20) 時刻がきたので，イエズスは使徒たちとともに食卓におつきになった。そしてかれらに仰せられた，「わたしは苦しみを受けるまえに，あなたたちといっしょにこの過越の食事をすることを切に望んでいた。あなたたちに言うが，神の国において過越が成し遂げられるまえは，もう二度とこの過越の食事をすることはないのである。」そして，イエズスは杯を受け取り，感謝をささげて，仰せられた，「これを取り，あなたたちの間で互いに回して飲みなさい。あなたたちに言うが，今からのち，神の国がくるまでは，わたしはぶどうの実から造ったものを決して飲まないであろう」。それから，パンを取り，感謝をささげてこれを

裂き，かれらに与えて仰せられた，「これはあなたたちのために与えられるわたしのからだである。わたしを記念してこれを行いなさい」。食事を終えて，杯も同じようにして，「この杯はあなたたちのために流されるわたしの血による新しい契約である」と仰せられた。

　過越の食事のために用意するものは種なしパン，ほふられるべき小羊，苦い生野菜，調味料，ぶどう酒，あかりなどであった。食事の間に，三，四回杯がまわされたようである。この杯のあとで，小羊を食べた。

　ユダヤ人にとって過越の祭りは，エジプトの圧政からの救いを記念する祝いである。この救いによって，ユダヤ人は自由の民となり神の民となった。しかし過越はこの救いの記念ばかりでなく，「来るべきものの影であって，その本体はキリストにある」（コロサイ 2.17）。すなわち，新しい「神の民」の救いの予型でもある。それ故，神の民の霊的中心である聖体の秘跡の制度をもって，過越の予型とする救いがこの地上に始まった。そして，この救いが完全に実現されるのは世の終りにおいてである。キリストが弟子たちとともにぶどう酒を飲むことは，永遠の喜びの象徴であった。地上的にはかれらと別れる悲しみがあるけれども，さらに大きな喜びが天の国において約束される。（フランシスコ会訳注参照。）

　ここに言う「過越（πάσχα, pascha）」（原語は「ペサ」。ギリシア語で「パスカ」と音訳された。動詞形は「パサ」。passoverの意に解されるが，語源について諸説がある。cf. フランスコ会訳『出エジプト記』第 12 章注 4.）は，モーセに率いられたユダヤ

人たちがエジプトを脱出した際に起こった出来事を記念する祭りとして始まった。「旧約の中に新約が隠れている。新約の中で旧約が明らかになる (et in uetere nouum lateat et in nouo uetus pateat)」というアウグスティヌスの表現に示されているのは，前表（予表）という考え方である。(Augustinus, *Quaestionum in heptateuchum libri VII*, cap. quaest. Exodi LXXIII (in CC 33. cf. PL 34))

ユダヤ人たちの帰国を認めないファラオに対して，「エジプトの地のすべてのういごは，王座にすわるファラオのういごから，うすをひく女奴隷のういごにいたるまで，また家畜のういごもことごとく死に，エジプト全地にわたって大いなる叫びがおこる」（「出エジプト記」11,5-6）という災いがもたらされようとしていた。そのときヤーヴェはモーセに命じる。ユダヤ人たちは傷のない一歳の雄の小羊を「この月（ニサンの月）」の14日の夕暮れにほふり，「次にその血をとり，小羊を食する家々の戸口の二本の柱とかもいに，それを塗らなければならない。」（同，12,7）これを守れば，「家々についた血は，おまえたちがそこにいるというしるしである。わたしはその血を見て，おまえたちのところを過ぎ越す。わたしがエジプトの地を打つとき，おまえたちを滅ぼす災いは起こらない」という約束が与えられたのである。戸口に血を塗った後にも，一家ごとに小羊を用意して行われる過越の食事についての細かい規定が続く。

　そしてその夜，その肉を火に焼いて，種なしパンと苦菜とともに，それを食べなければならない。おまえたちはそ

れを生のままで，または水で煮て食べてはならない。頭と足と内臓を切り離さずに丸焼きにして，食べなければならない。朝までそれを少しでも残してはならない。朝まで残ったものは，日で焼き尽くさなければならない。おまえたちはこのようにして食べなければならない。すそをからげ，足にはきものをつけ，手につえをもち，それを急いで食べなければならない。これはヤーヴェの過越である。… この日はおまえたちにとって記念すべきものである。おまえたちはこれをヤーヴェにささげる祭りとし，代々永久のおきてとして，これを守らなければならない。（同，12,8-14）

このようにしてその祝い方を定められた祭儀の中でほふられ，食される小羊は，「真の過越の小羊である十字架上のキリストのいけにえの前表として全く新しい意義を帯びる。」(フランシスコ会訳,「出エジプト記」第12章注3) パウロも次のように記している。

わたしたちの過越の小羊であるキリストは，すでにほふられたのです。ですから，わたしたちは古いパン種や悪意とよこしまのパン種を使ったパンではなく，混じり気のないまことの種なしパンを用いて祭りを行うことにしましょう。（一コリント 5,7-8）

同様にしてペトロも,，キリストの血を指して「傷もしみもない小羊のようなとうといキリストの血」(一ペトロ 1,19) と称している。人々は過越の小羊であるキリストによって「罪と死の束縛から救い出される」(フランシスコ会訳, 同注3) とみているのである。

「コリント人への第一の手紙」(11,17-34) において，パウロは「主の晩餐」について述べている。それによれば，

主イエズスは死に渡される夜，パンを取り，感謝の祈り
　　をささげてから手で分け，そして，こう言われました。「こ
　　れはわたしの体，あなたがたのためのものである。わたし
　　を思い出すために，このように行いなさい」。食事が終わっ
　　てから，主は杯（さかづき）についても同じようにして言
　　われました。「この杯は，わたしの血による新しい契約で
　　ある。これを飲むときはいつでもわたしを思い出すために，
　　このように行いなさい」。実に，あなたがたはこのパンを食
　　べ，この杯を飲むときはいつでも，主がおいでになるとき
　　まで，その死を告げ知らせるのです。　（11,23-26）

聖体祭儀の制定についての記載は，新約聖書のほかの箇所（マタイ 26,26-29; マルコ 14,22-25; ルカ 22.14-20）にもある。

5．聖変化 ── パンとぶどう酒

トマス・アクィナスが『神学大全』第三部（qq.73-83）に記した，聖体の秘跡に関する神学的考察から補足しておく。（稲垣良典「解説 トマスの聖体神学」（『神学大全 43・44』所収）参照。）

トマス説において，聖別されたパンとぶどう酒の両形態のもとに「キリスト全体(totus Christus)」が存在することが提唱される。両方の形態のもとに，体と血だけでなく，その霊魂も神性も，要するにキリストのすべてが存在するとされる。ただし，そのことは信仰の神秘として受け入れられることであって，論証されうることがらであることを意味していない。

さて，パンとぶどう酒という目に見える形態のもとに「キリスト全体」が現存するというあり方は，秘跡神学において

transubstantiatio（全実体変化）と呼ばれる。transubstantiatio とは何か。これについてトマスは，この箇所で次のように論じている。

> パンの全実体がキリストの体の全実体に変わり，ぶどう酒の全実体がキリストの血の全実体に変わる。だからこの変化は，形相的なものではなく実体的なものである。しかし自然的変化という種類のものでもない。この変化は，「全実体変化」という固有の名前で呼ぶことができる。
> tota substantia panis convertitur in totam substantiam corporis Christi, et tota substantia vini in totam substantiam sanguinis Christi. Unde haec conversio non est formalis, sed substantialis. Nec contineatur inter species motus naturalis, sed proprio nomine potest dici *transubstantiatio*. (Thomas Aq., *Summa theol.*, 3,75,4c.)

「キリスト全体」が現存するというあり方は，聖体の秘跡によってキリストの現存が示され，実在化するということだけでなく，この秘跡がもたらす結果としての，信徒とキリストの一体化をも含意している。同じパンを食する信徒たちがキリストにおいて生きるものとなって一体化するからである。

それはアリストテレスのいう実体的変化ではない。なぜなら，自然における変化の場合には，第一質料を変化の基体として前提した上で，実体的形相によって事物の生成がもたらされるに過ぎないからである。第一質料をも含む，事物の全存在がもたらされるのは，万物の創造がなされる次元においてである。トマスのいう創造は，混沌とした仕方で存在するカオスを前提して働くような，自然界の原因によってもたら

される変化ではない。「存在（esse）」の思想を有するトマス説において，存在全体を事物に与えることとしての創造因の働きが見出されたことによって，アリストテレス以来の質料形相論もまた異なる仕方で意味づけられることになる。

聖体の秘跡における transubstantiatio は自然の力ではなく，神の力によるものである。それは，「この変化は，自然的変化に類似したものではない。全く超自然的なものであって，ただ神の力によってのみ生ぜしめられる。」(*ibid.*) からである。神の働きは自然を越えている。

> 神は無限の現実態である。だから神の働きは，存在しているもののあり方全体に及ぶ。同一の基体において異なる形相が継起することとしての，形相的な変化だけでなく，このものの全実体があのものの全実体に変化することとしての，存在しているもの全体の変化を完遂することができるのである。
>
> Deus est infinitus actus. Unde eius actio se extendit ad totam naturam entis. Non igitur solum potest perficere conversionem formalem, ut scilicet diversae formae sibi in eodem subiecto succedant: sed conversionem totius entis, ut scilicet tota substantia huius convertatur in totam substantiam illius.(*ibid.*)

実体有・付帯有についてもトマスの理解の仕方にはアリストテレスと異なるところがあることに注意しなければならない。まして，自然を超えた原因による聖変化を，人間理性によって理解可能な自然的原因による変化と同列に論じることできない。

聖体におけるキリストの現存は，信仰のみによって肯定されうることであり，他方，パンとぶどう酒の外観は，感覚に

よって明らかに認めうることである。言い換えれば，パンとぶどう酒に伴う付帯性は，パンとぶどう酒という実体が存在しないのに，感覚によって捉えられていることになる。むろんそれは，自然に起こりうるようなことがらではない。しかしその外観がなければ，われわれはそれを食し，味わうことができないということでもある。無意味なことでは決してない。

ところで，信仰の神秘にとどまることがらであるけれども，このような秘跡としての聖体の存在を受け入れたうえで，トマス・アクィナスは聖変化における全実体変化という形而上学的考察を披瀝するいっぽう，ミサ中に用いるぶどう酒について興味深い注釈を加えている。それによれば，

> この秘跡はぶどうからつくったぶどう酒によってのみ全うされる。なぜなら，それは第一に，キリストが制定したことだからである。キリストはこの秘跡をぶどうからつくったぶどう酒で行うように定め給うた。そのことはこの秘跡の制定に関して，「ルカによる福音書」第 22 章において，ご自身が「今からのち〔神の国がくるまで，〕私はぶどうの実からつくったものを飲まないであろう」と言われたことから明らかである。
> 第二に，上述のように，秘跡の質料として用いられるのは，本来的かつ共通的に当該の種的本質を有するものだからである。本来的な意味でぶどう酒と呼ばれるのは，ぶどうからつくられたものである。他の飲み物がぶどう酒と呼ばれるのは，ぶどうからつくられたぶどう酒に対して何らかの類似性を有しているからである。
> 第三に，ぶどうからつくられたぶどう酒は，〔「詩編」第 103 に〕「<u>ぶどう酒は人の心を悦ばせる</u>」と記されていると

おり，この秘跡の結果としての霊的な悦びによく適合するからである。

Dicendum quod de solo vino vitis potest confici hoc sacramentum. Primo quidem, propter institutionem Christi, qui in vino vitis hoc sacramentum instituit: ut patet ex eo quod ipse dicit, Luc. 22,[18], circa institutionem huius sacramenti: Amodo non bibam de hoc genimine vitis.

Secundo quia, sicut dictum est, ad materiam sacramentorum assumitur id quod proprie et communiter habet talem speciem. Proprie autem vinum dicitur quod de vite sumitur: alii autem liquores vinum dicuntur secundum quandam similitudinem ad vinum vitis.

Tertio, quia vinum vitis magis competit ad effectum huius sacramenti, qui est spiritualis laetitia: quia scriptum est quod vinum laetificat cor hominis.

(Thomas Aq., *Summa theol.*, 3,75,5c. 下線筆者。)

ここでは，霊的な悦びが秘跡の結果であるとされる。言うところの霊的な悦びとは，身体的な酩酊にいたる酔い心地とは別種のものであろうことはむろんであるにしても，天上の至福につながる悦びが存する場としての「宴」との関わりを含意していると思われる。たしかに聖体の祭儀を執り行う (celebratio) ということは，キリストのからだを共に食する祝宴なのである。時代の変遷の中で，聖体の祭儀が祝宴であることよりも前に，キリストのからだをいけにえとして捧げる犠牲の奉献であることを強調して，宗教改革の時代に生じた問題に対して，トマス説を対決させることができる。(じっさいトマス以後の時代に神学論争が起こっている。宗教改革者たちは，祭壇で捧げられる犠牲は十字架上で捧げら

れた犠牲を秘跡として再現したものであるすることに反発したことが知られる。）だからといって，トマス説に従いつつ，「ぶどう酒は人の心を悦ばせる」ことを理由にして，ミサ聖祭が持つ「祝宴」としての性格を，キリストとの一体化がもたらす悦びの中に見出しうるということに変わりはない。存在の豊かさを精神的にも身体的にもことほぐことができるからである。

参考文献

Augustinus, *Quaestionum in heptateuchum libri VII*, (in CC 33. Brepols, 1958)

Blaise, A.(ed.), *Dictionnaire latin-français des auteurs chrétiens* (Brepols, 1954)

Constitutio de sacra liturgia（典礼憲章），『公会議公文書全集』pp.3-57,（『公会議解説叢書』第7巻（中央出版社，1969）所収）

Deferrari, Roy J. *A Complete Index of The Summa Theologica of St.Thomas Aquinas* (n.d.)

Denzinger-Schönmetzer, *Enchiridion Symbolorum Definitionum et declarationum de rebus fidei et morum*, 36ed., (Herder, 1976)

デンツィンガー・シェーンメッツァ『カトリック教会文書資料集』浜寛五郎訳（エンデルレ書店，1974）

Glare, P.G.W.(ed.), *Oxford Latin Dictionary* (Oxford, 1982)

稲垣良典「解説 トマスの聖体神学」（トマス・アクィナス『神学大全』第43-44冊（創文社，2005）所収）

小林珍雄編『キリスト教百科辞典』（エンデルレ書店，1972）

Lewis & Short (ed.), *A Latin Dictionary* (Oxford, 1879)

ネラン, G.「典礼について」（G. ネラン編『ろごす』pp.27-70, キリスト教研究叢書5 祈り，（紀伊國屋書店，1961）所収）

Nestle & Aland (ed.) *Novum Testamentum Graece et Latine*, (Württembergischen Bibelanstalt Stuttgart, 1963)

バルバロ, F. 訳編『主日のミサ典書』（ドン・ボスコ社，1967）

大野晋『一語の辞典・神』（三省堂，1997）

沢田和夫「初代教会の典礼」p.38（安斎伸・土屋吉正共編『教会と典礼』(中央出版社，1967）所収）

『聖書』フランシスコ会聖書研究所訳注,「マタイによる福音書」「マルコによる福音書」「ルカによる福音書」「ヨハネによる福音書」「使徒行録」「パウロ書簡 第二巻」「パウロ書簡 第四巻」「出エジプト記」「詩篇」「コヘレト(伝道の書)・雅歌」「シラ書(集会の書)」（中央出版社，1961～1981）

相馬信夫「ミサと教会」（安斎伸・土屋吉正共編『教会と典礼』(中央出版社，1967）所収）

Thomas Aquinas, *Super Evangelium S.Ioannis Lectura*, (Marietti, 1951)

Thomas Aquinas, *Summa theologiae*, Pars 3, (Marietti, 1956)

トマス・アクィナス『神学大全』第44冊，稲垣良典訳（創文社，2005）

トマス・アクィナス『神学大全』山田晶訳（世界の名著 続5，中央公論社，1975）

土屋吉正「典礼に対する信仰心の変遷」p.57（安斎伸・土屋吉正共編『教会と典礼』(中央出版社，1967）所収）

フランス中世文学にみる祝宴
― 作品中における祝宴場面の果たす役割 ―

原 野　昇

はじめに

　人間の生活には活動の時間と休息の時間がある。それによって生活にリズムが生まれる。それは1日，1週，1年単位でみても言える。休息には睡眠のように生き物として必要不可欠なものもあれば，労働を休む休日のような人間の知恵から生まれたものもある。また活動の時間においても，日常の活動の繰り返しによる時間経過のなかに，ときどき日常の活動とは異なった特別な活動を入れている。人生における節目の日（生誕，結婚，死など），宗教の教義に基づく暦のなかの祝祭日，社会的な集団による各種の催し，イベント（同窓会，優勝祝賀会，…）それらの具体的な実現の場合には儀式・式典の部分と宴会の部分の2者からなるものが多い。前者が無くて，あるいは省略して，いきなり宴会によってその特別な日が画されることもある。

　ヨーロッパ中世の宮廷においては，近隣領主との和議，結婚，騎士叙任式など，さまざまな機会に宴会が催された。宮廷外から客人が招かれ，宮廷内の人々も招かれ，日常とは異なる豪華な衣服を身につけ，普段の食事とは異なる贅沢な食事や飲み物が供され，余興も行われた。そういう意味で多く

の宴会は祝宴として，日常生活のリズムにアクセントをつける一種の祝祭的様相も呈していた。客人や臣下に贈り物もなされた。こうして主君が，さまざまな機会に臣下に対して「気前のよさ」を示すことが，主君たるものの資質の一つであった。もてなす側はもてなされる側に対して，できるだけ快適な時を過ごしてもらい，満足し幸福感を味わってもらえるようにと配慮する。豪華，華麗，典雅，優雅さが求められ，諸事万端が客人の気に入ってもらえるようにと努力された。女性への愛を明るく歌うシャンソンもその一環として産み出されたのであろう。原始時代以来，労働・勤勉と休息・娯楽とは，人間生活の表裏として営まれてきた。宮廷における祝宴のなかで，音楽や詩歌も重要な役割を果たしていったのである。

　フランス中世の文学作品には，騎士の戦場における戦いぶり，武勇に焦点を当てた叙事詩もあるが，騎士の宮廷生活に重点を置いた作品もある。その際には，現実の宮廷生活における祝宴の重要性から当然のことながら，それらの作品においても祝宴がさまざまな視点から取り上げられ描かれている。以下においては宮廷騎士物語を中心に，文学作品に描かれた祝宴を概観し，祝宴の場面が作品中においてどのような役割を担わされているかをみていきたい。

1．文学作品における祝宴の場面

(1) 多数の例

　宮廷騎士物語 roman courtois を中心とする物語（ロマン）

や短編物語に，祝宴の場面が多数登場する。そのなかには単に「これこれの日に祝宴が開催された（される）」という記述のみの場合もある。

> ① ある時，王は宮廷の集いを催し，王から封地を受けている諸侯がみな招ばれていました。王を助けて宴を盛大なものにするためです。（マリ・ド・フランス『短編物語集』「ビスクラヴレ（狼男，人狼）」，186-190 行，原典は参考文献欄参照。日本語訳は筆者による。以下同）

「宮廷の集いを催す」とある所はフランス語では tenir cort という表現が用いられている。tenir cort というのは領主などが臣下を宮廷に招集して諮問会議を開いたり，もめごとや訴えに対する評定を行なったり，結婚式や騎士叙任式をはじめとするさまざまな行事を行なう際に用いられる表現である。「宮廷を開く」「宮廷を主催する」などと訳すこともできる。その際，それらの行事にともなって祝宴が開催される場合も多い。

例文①のように開催時期に関し，「ある時」とだけしか書いてない場合もあるが，たいていはもう少し詳しい開催時期が明示されている場合が多い。たとえば，

> ② 新しい季節，復活祭の日に，アーサー王は彼の居城カラディガンで宮廷を開いていました。それは今まで見たことがないような盛大なもので，戦いに勇敢な名だたる騎士たちや富める奥方や淑女，血筋のいい諸侯の優雅な息女たちが大勢集まっていました。（クレティアン・ド・トロワ『エレックとエニッド』，27-34 行）

マリ・ド・フランスの『短編物語集』のなかの「すいかず

ら」において，トリスタンが森で王妃イズーがそこを通過することを確信して，はしばみの木を削り文字を刻んだその日は宴会の日であった。トリスタンが森を抜け出し，農民たちにマルク王の近況（すなわちイズーの近況）を聞き，それに対する農民たちの答で知ったのである。

 ③ 諸侯はタンタジェルに招ばれているので，そこに集まられます。王が今度の聖霊降臨祭の日に宮廷を開かれることになっているのです。（「すいかずら」，38-41 行）

クレティアン・ド・トロワの『ライオンの騎士イヴァン』や『聖杯物語ペルスヴァル』でも，聖霊降臨祭の日（ペンテコステ）に宮廷が開かれている。

 ④ 比類なき勇気と礼節でわれらの範であるブルターニュのよき王アーサーは，聖霊降臨祭と呼ばれる非常に重要な祭日に，王にふさわしい盛大な宮廷を催していました。（『ライオンの騎士イヴァン』，1-6 行）

 ⑤ ある聖霊降臨祭の日のこと，王妃はテーブルの上座にアーサー王と並んで座っていました。そこには諸王，諸侯や諸王妃，伯夫人方が大勢いました。（『聖杯物語ペルスヴァル』，2783-2790 行）

キリスト昇天祭やキリスト降誕祭の祭日にも宮廷が開かれている。

 ⑥ アーサー王はキリスト昇天祭の日に，王にふさわしい盛大な宴会を催していました。（クレティアン・ド・トロワ『荷車の騎士ランスロ』，30-33 行）

 ⑦ キリスト降誕祭に王はすべての諸侯を集めました。（『エレックとエニッド』，6501-6502 行）

これらの例では「復活祭」(②),「聖霊降臨祭」(③,④,⑤),「キリスト昇天祭」(⑥),「キリスト降誕祭」(⑦)のようなキリスト教の暦において重要な祭日に合わせて宮廷が開かれている。物語のなかで出来事が起こった時期を示すためにキリスト教の暦のなかの祭日が利用されているわけであるが,そのことはそれだけ当時の人々にとって,季節の移り変わりと教会の祭日が密接に結びついていたということである。

これらは人々の生活のリズムにも対応している。すなわち,畑を耕し種を蒔き,草刈りをし収穫するまでの活動の期間である夏と,屋外での活動が休眠する冬の期間という一年のリズムである。復活祭は春分後,最初の満月の次の日曜日,キリスト昇天祭は復活祭の40日後,聖霊降臨祭は復活祭の50日後(7番目の日曜日)というふうにいずれも春分の日が基準になっているし,キリスト降誕祭は冬至に近い日である。これらのキリスト教の大祭のうちで,文学作品によく出てくるのは復活祭,聖霊降臨祭,キリスト昇天祭である。それらは冬枯れの期間が過ぎて,大地や木々が緑に覆われ再び生命が甦り,人々の活発な活動が開始される時期である。騎士の冒険や挑戦が描かれる物語の時期設定に多用されるのも当然のことであろう。キリストの誕生や復活など,キリスト教の教義のなかで重要な位置を占める祭日も,実はキリスト教が入ってくる以前から人々が,たとえば冬至や春分のような自然のリズムに合わせて祝っていた祭日がキリスト教の暦のなかに取り入れられたと考えられるのである。

『トリスタンとイズー物語』のなかで,物語の核心的出来

フランス中世文学にみる祝宴　87

事，トリスタンとイズーが舟の上で誤って媚薬を飲む場面は「聖ヨハネの祭日」である。「聖ヨハネの祭日」は6月24日であるが，それはほぼ夏至の日である。夏至はその日を境にして，昼の時間が1日1日と短くなっていくという自然のリズムの転換点である。

マリ・ド・フランス作『短編物語集』のなかの一編「ランヴァル」は次のようなあらすじである。

図版1　舟上で媚薬を飲むトリスタンとイズー

> ある日野原に横たわっていたアーサー王宮廷の若き騎士ランヴァルは，美女二人に連れられて世にも美しい姫君（妖精）の天幕に招じられ，恋を打ち明けられ相思相愛になる。城に帰館後ランヴァルは王妃から言い寄られたが，自分にはこの世の誰よりも美しい恋人があると断ったので，王妃は立腹し，王に，ランヴァルが自分に言い寄ったと，事実を逆にして訴える。裁判が行われるが，恋人との約束を守って抗弁しないランヴァルは窮地に追い込まれる。土壇場で姫君一行が皆の前に現れ，一行のこの世のものとも思われないほどの美しさによってランヴァルの嫌疑が晴れ，ランヴァルは自由の身となり，二人の恋人はアヴァロンへと立ち去る。

この物語はランヴァルと妖精との幸せな愛の日々へ至る前半部と，主君たる王によってランヴァルが不倫の嫌疑を追究されるという後半部とから構成されている。その分かれ目と

なるのは，王妃がランヴァルを見初めて言い寄り，ランヴァルに拒絶されるという出来事である。それは「聖ヨハネの祭日が過ぎたとき」（220行）のことであった。

キリスト教世界全体で祝われている大祭日や重要な聖人の祭日だけでなく，ある特定の地方のみで盛大に祝われている聖人の祭日もある。マリ・ド・フランス『短編物語集』のなかの「ヨネック」では次のような日に宮廷が開かれている。

⑧ カルリオンをはじめ多くの町で祝われている聖アーロンの祝日に領主は招かれていました。土地の習わしに従って友人たちと一緒に，奥方と息子も連れて，豪華な服装で来るようにとのことでした。（「ヨネック」，469-476行）

(2) さまざまな描かれ方

これらのキリスト教の重要な大祭日に合わせて開かれる宮廷の宴会も盛大なものである。まずは宴会の参加者数であるが，上にあげた①，②，③，⑤，⑦では，その宮廷の宴会に多くの諸侯，騎士，奥方が招かれているとか参列するという説明が付加されている。また④と⑥では，その宴会は「王にふさわしい盛大なもの」であったと記されているし，②では「今まで見たことがないような盛大なもの」と形容されている。また⑧では，招待者は「豪華な服装で」で宴会に参列するように主催者から依頼されていたことが伺われる。

文学作品で祝宴に言及されたり描写されたりしている場合，毎年開催されるその祝宴は「例年盛大」と一般的に形容されているだけのことも少なくないが，その物語が展開しているそのときの祝宴について「格別なもの」であったと詳細

フランス中世文学にみる祝宴　89

に描写されている場合も多い。それらの一例としてクレティアン・ド・トロワの『エレックとエニッド』（1170年頃）と南仏オック語の『フラメンカ物語』（1280年頃）を具体的にみていきたい。

(a)『エレックとエニッド』の例

『エレックとエニッド』はクレティアン・ド・トロワが書いた『クリジェス』,『荷車の騎士ランスロ』,『ライオンの騎士イヴァン』,『聖杯物語ペルスヴァル』と並ぶ5大物語の一つで，一番最初に書かれた作品であり，以下のようなあらすじである。

> 騎士エレックはアーサー王の宮廷で催された白鹿狩りに行く途中，見知らぬ騎士の従者（小人）に鞭打たれる。復讐のためその主従を追い，ラリュトの町に着く。そこでの野試合でその騎士に勝った後，町の貧しい騎士の娘エニッドを娶って連れ帰る。愛に溺れて騎士の義務を忘れたのを非難され，エレックはエニッドを伴って遍歴の旅に出る。様々な冒険の後，「宮廷の喜び」という最大の試練を乗り越えた後，アーサー王宮廷に帰還。アーサー王は盛大な祝宴を催す。

この作品ではエレックとエニッドの結婚を祝う祝宴と，エレックの冒険の最終的成功を祝う祝宴が，いずれも詳しく描かれている。

・結婚の祝宴

エレックが娶った相手の女性はそれまで固有の名前が無かったが，結婚によって初めてエニッドという名前をもらった。アーサー王の宮廷に呼ばれ，カンタベリーの大司教によって祝福された後，二人の結婚を祝う祝祭の様子が次のよ

うに描かれている。

> ⑨ 宮廷が招集されたとき,国中のメネストレル,人を楽しませる何らかの技を身につけている者で,そこに駆けつけなかった者は一人もいませんでした。広間は喜びに満ちあふれていました。それぞれが得意の芸を見せます。ある者は飛び跳ね,ある者は軽業を,ある者は手品をして見せ,ある者は笛を吹き,ある者は自慢の喉を聞かせます。ある者は縦笛を,ある者はシャリュモー笛,ある者はジーグ弦,ある者はヴィエル弦を奏でます。若い娘たちはカロールを踊り,みんなが喜びを体中で表わしています。その日の婚姻の宴で,人の心に喜びをもたらすものは何一つ欠けてはいませんでした。小太鼓に大太鼓が鳴り響き,ミュゼット風笛,エスティーヴ風笛,フレテル笛,ラッパ,シャリュモー笛,その他さまざまな楽器の音も響きました。(『エレックとエニッド』1983-2001 行)

結婚の儀式を終えたばかりの二人をまずは音楽や踊り,さらには曲芸や軽業などで,周囲の人々が全身で喜びを表わしている。管楽器や弦楽器など,楽器の種類が具体的に細かく描写されている。

続いて主催者であるアーサー王の気前のよさ,大盤振る舞いの様子が概観されている。

> ⑩ 表門も裏門も開け放たれ,その日は一日中出入りが自由でした。金持ちも貧乏人も入場を断られることはありませんでした。アーサー王はけちではありませんでした。パン職人,料理人,酒保係に,パンもぶどう酒も獣肉も,好きなだけふんだんに振る舞うように命じました。みんな望んだものはあり余るほど振舞われました。(同,2002-2014 行)

気前のよさ largesse は主君たる者の欠かすことのできない

徳であり，文学作品においてもことあるごとに言及されている。ここでは宮廷の門が解放されて，宮廷外の人々まで思う存分食べたり飲んだりできたと書いてある。エレックとエニッドの結婚の祝宴に際してのアーサー王の気前よさは，具体的にさらに次のように描かれている。

> ⑪ その日ジョングルールたちは大満足でした。というのもみんなお礼をたっぷりもらったからです。これまでつけで貯まっていたものも全部支払ってもらいましたし，贈り物も，リスやテンや野兎の毛皮の洋服，紫や赤の絹の洋服などたっぷりもらいました。馬を望む者は馬を，現金の方がいい者は現金を，それぞれ望む限り最高のものをもらいました。このようにして結婚の祝宴は，来る日も来る日も同じように歓喜と豪華にあふれて2週間以上も続きました。王としての気前のよさを見せるため，またエレックにより大きな栄誉を与えるために，アーサー王は諸侯たちを2週間余りもてなしました。（同，2055-2071行）

ジョングルールが自分の披露した芸に対して上演料を受け取っていたこと，その上演料が即金でなくつけにしておいて後日支払われることもあったことなどが分かり，ジョングルールの生活を知る上でも興味ある記述である。

主君の気前のよさのなかには，祝宴の招待者のみでなく宮廷で暮らす人びとにも多くの贈り物を配ることも含まれる。上の引用文でも高価な洋服などが贈られているが，興味ある記述は，贈り物を受け取る側から希望を表明することもできたことを示すくだりである。ここでは馬を望むか現金を望むかその人次第であるとの記述がある。そのような祝宴が毎日2週間以上も続いたという記述もその盛大さを伺わせるもの

である。

・冒険成功の祝宴

エレックはさまざまな冒険・試練 aventure を乗り越えるが，最後に「宮廷の歓び」という試練を乗り越え，ギヴレと共にアーサー王宮廷に帰還する。アーサー王はエレックの帰還を喜び，盛大な歓迎の祝宴を催す。その祝宴についての描写を見てみたい。

> ⑫ お望みであれば，さあどうぞお聞きください。みなが宮廷に集まると，三時課の鐘が鳴る前に，アーサー王は400人以上の者を騎士に叙任しました。それぞれ諸侯や伯の子息でした。王は各自に馬3頭と3組の具足を贈り，宮廷の華やかさが一段と増しました。アーサー王の権勢は偉大で，惜しみなく与えました。王が贈ったのはサージ生地や野兎や羊の毛皮などではなく，アーミン皮やリス皮の外套や玉虫色の絹地に錦繡を施した一枚ものの洋服でした。広大な領土を征服し支配下に置いたかのアレクサンダーも，アーサー王に比較すれば，貧乏でけちということになるでしょう。ローマの皇帝カエサルをはじめ武勲詩や英雄物語の中で名前が出てくるいかなる王も，アーサー王がその日エレックの栄誉を讃えてみなに配った贈り物ほどの贈り物を一回の祝宴で贈ったことはありません。カエサルとアレクサンダーを合わせても，その日アーサー王が振舞ったほどの出費はしたことがありませんでした。どの部屋でもどの部屋でも外套が衣装函から取り出され，ふんだんに広げられ，みんな好きなものを何らの遠慮もなく選び取ることができました。広間の中央の絨毯の上にエステルラン銀貨の入った樽が30も置かれていました。というのもブルターニュではメルランの時代以来隅々までエステルラン銀貨が流通していたからです。その夜みんな好きなだけそれを家に持って帰りました。　(同，6596-6635 行)

教会の暦の大祭日に合わせて宴会が開かれることを先にみたが，その際，長年騎士見習いとして修行を積んできた者が一人前の騎士として認められる騎士叙任式が行なわれることが多い。それは祝宴も含めたその日の宮廷行事を盛大なものにする重要な要素である。ここではエレックの帰還に合わせて催される祝宴に先立ち，400人以上の者が騎士に叙任されたと，その盛大さが暗示されている。

　ここでも祝宴に合わせての贈り物の豪華さが描かれているが，結婚祝賀のときと同様，贈り物の重要な品物は高価な洋服であったようである。(野兎の毛皮が，前者では高級品として，後者では低級品として言及されているのは，野兎の毛皮

図版2　騎士叙任式

には種類によって両方の評価のものがあったのであろう。)ここではアーサー王の気前のよさ，ひいてはその富を説明するのに，カエサルやアレクサンダーの名前を出して比較している。

　銀貨までもらって帰ることができたとあるが，興味深いのはその銀貨について，ブルターニュ地方で古くから流通して

いたという説明で，この作品の舞台とその頃の通貨の様子が伺える点である。

上の引用に続く箇所では，この祝宴の主催者であるアーサー王と祝われるべき最大のヒーローであるエレックの二人が座る椅子について，その椅子を作った職人の技のすばらしさが細かく描かれている。

> ⑬ 広間にはまったく同じ大きさの同じ様式の白い象牙製の美しい新品の肘掛け椅子が2つありました。それを作った職人は間違いなく才能のある腕のいい名匠でした。というのも，高さも幅も飾りもまったく同じだからです。いくら目をこらしてあらゆる角度から眺め2つの椅子の違いを見つけようと思っても，一方の椅子にあって他方の椅子に無いところは見つかりません。木はまったく使われておらず，高級な象牙と金のみでできていました。その彫刻は巧みで，両の前足は豹，後ろ足はワニの姿でした。それはイールの騎士ブリュイアンがアーサー王と王妃に贈ったものでした。その一方にアーサー王が座り，もう一方にエレックを座らせました。 （同，6651-6672行）

職人が一つ一つ手で作る家具には，まったく同じ寸法のものはまず無い，ということが背景にあるのであろう。続いて主人公エレックが着ている服についての説明がある。

> ⑭ エレックは高価なウール地の洋服を着ていました。この洋服のことはものの本の中に書いてあります。たとえばマクロビウスは物事の仔細に通じており，歴史をよく知っていますが，そのマクロビウスの本の中にこの洋服の生地や仕立てについて詳しく書いてあります。それによると，4人の妖精がその技の極みを尽くして仕立てたということです。 （同，6671-6683行）

この後，4人の妖精のうち1人は地理学，1人は算術，1人は音楽，1人は天文術の知識を駆使してこの洋服をこしらえ上げたことが64行にわたって詳細に叙述されている。（同，6684-6747行）

　以上，エレックとエニッドの結婚の祝宴，エレック帰還を祝う歓喜の祝宴の描写をとおして，祝宴がいかに日常生活とは異質な特別な場であったかが強調されている。それは参加者の数や顔ぶれ・社会的地位，食べ物・飲み物，衣裳，家具・調度，余興，贈り物の豪華さなどの具体的な叙述をとおして描かれている。

(b)『フラメンカ物語』の例

　次に『フラメンカ物語』における祝宴の場面をみていきたいが，その前にあらすじを紹介しておく。

> ヌムール伯の美しい娘フラメンカと結婚したアルシャンボー・ド・ブルボンは，嫉妬心から妻のフラメンカを幽閉する。フラメンカに心を寄せたブルゴーニュの騎士ギヨーム・ド・ヌヴェールは司祭の補佐をする書生となり，教会でミサの応答誦を利用して彼女の耳元で愛を伝える。彼は宿の自分の部屋から彼女の城の浴室に達する地下道を掘らせた上，その浴室を落ち合う場所として指定する。浴室で落ち合った2人は地下道を通って彼の別室へ行き，そこで愛を交わす。アルシャンボーは恋人ができたフラメンカの様子の変化に気づいて問いただす。フラメンカは「これまでここで貴方が私を護ってくださったと同じ様に，これからも永遠に我が身を護ります」と多義的で意味深長な誓いをたてる。フラメンカは恋人のギヨームに夫のアルシャンボーに問いただされた経緯を説明。ギヨームは自分が補佐していた司祭に別れを告げ領地ヌヴェールに戻り，騎士として武功をた

てる。アルシャンボー主催の騎馬試合に出場し，フラメンカの袖を勝ち取る。

フラメンカの輿入れの日は聖ヨハネの祭日の頃である。

⑮ 翌日は聖ヨハネの祭日でした。それは盛大に祝われる重要な祝祭日で，その豪華さは並ぶものがありませんでした。（『フラメンカ物語』，471-473 行）

国王は2週間の祝祭の継続を望み，参会者にもそのように要請した。（同，479-483 行）そして祝宴の参加者数が記述される。

⑯ ミサが済むと王はフラメンカとともに教会を出ました。その後に 3,000 人の騎士がそれぞれの奥方を伴って続きました。みんなは祝宴が行なわれる宮廷に向かいました。広間は広大で，1 万人の騎士がゆったりと座れるくらいでした。奥方や淑女たち，身の回りの世話をする従者や親方たちを数えないでの話です。もちろんジョングルールも数えていませんが，ジョングルールの数だけでも 1,500 人以上

図版 3 大宴会の様子

でした。（同，489-504 行）

　食べ物を指でつかんでいたので，食後にも手を洗うこと，身だしなみを整えるために，卓上用の折りたたみ鏡が各自の前に置かれることなど，非常に詳細な描写がなされている。続いて椅子，手洗い用のタオル，食べ物，飲み物が描写される。

　⑰　手洗いが済むとみんなは腰掛けましたが，木のベンチに直接ではなく，絹の布で覆われたクッションの上にでした。手を拭くためのタオルもごわごわしたものではなく，やわらかくてきれいなものでした。ご婦人がたが席に着くと，ありとあらゆる種類の料理が運ばれてきました。それらをいちいち述べるまでもないと思います。小麦粉をベースにしたもの，根菜類，ぶどうやその他の果物，若芽など，木になるもの，大地が生み出すもの，海から採れるものなど，食べることができるあらゆるものが食卓に並びました。一番少なくよそってもらった者でさえ，自分より多くよそってもらった人のことを羨ましがることなど考えられないくらいでした。全員が心ゆくまで食べることができました。（同，509-523 行）

　食事が済むと食卓が片付けられ，各自みだしなみを整え，次の余興への準備をする。

　⑱　食事が終わり，もう一度手を洗うと，各自その場に留まり，さらにぶどう酒を飲みました。それがいつもの習わしです。次いでテーブルクロスが取り払われ，大きな折りたたみ鏡が全員一人残らず自分の前の美しいクッションの上に置かれました。こうして身だしなみを整え，ゆったりと座りなおしました。（同，583-591 行）

　続いてジョングルールが登場し，余興が始まる。

⑲　するとジョングルールたちが立ち上がり，それぞれ自慢の腕を披露しました。その場に居合わせておられたらさまざまな弦の響きを耳にされたことでしょう。ヴィエルの新しい旋律，愛の歌，デスコール詩（反・愛の歌）や短詩を，みんな才の限りを尽くして演じました。ある者は「すいかずらの短詩」をヴィエルに合わせて歌い，ある者はタンタジェルの短詩を，ある者は完璧な恋人たちの短詩を，別の者はトリスタンが作った短詩を歌いました。ある者はフルートを，ある者はシフル笛を，ある者はジーグ弦を，ある者はヴィオロンを奏でます。ある者は歌詞を，ある者は曲を担当します。ある者はコルヌミューズ風笛を，ある者はガルベ笛を，ある者はミュゼット風笛を，ある者はシャリュモー笛を吹きます。マンドーラ弦やプサルテリオン弦を弾く者もいます。操り人形芝居を見せる者もいれば，何本ものナイフを使った曲芸師もいます。床に這いつくばったり，跳んだりはねたりの軽業を見せる者もいれば手に盃を持って踊る者もいます。輪くぐりをする者もいればジャンプをする者もいます。それぞれ身につけた技を失敗することなく披露します。(同，592-616 行)

上の引用文から，手品師，曲芸師，軽業師だけでなく，楽器演奏者，歌手，詩や物語を歌ったり語ったりして聞かせる者もジョングルールと呼ばれていたということが分かる。細密画に描かれているとおりである。要するに，自分の身体の運

図版 4　楽師

フランス中世文学にみる祝宴　99

動能力を使った技、道具や動物（上の引用文には出てこないが）を使った技、楽器を演奏する技、喉を使った技（歌）、記憶力や暗誦力を使った技など、何らかの技（芸）を習得し、それをさまざまな機会に披露して人々に喜びを提供する人のことであり、そのような専門家が宮廷における宴会などの場でも余興の提供者として活躍していたということである。ここでは結婚の祝宴において、食事の後に登場している。

図版5　ジョングルール

語り物については、この後具体的な作品名をあげながら長々と続く。

⑳ 王や侯や伯が登場する話を聞きたい者は思う存分聞くことができました。耳を休める暇もありません。プリアモスの話、ピラムスの話、パリスが美女ヘレナの愛を得て彼女を奪った話、ユリシーズの話、アキレスとヘクトールの話、エネアスと彼が悲しみの底に突き落としたディドーの話、ラヴィニアが矢じりに結びつけた手紙を塔の一番高い所から歩哨に放たせた話、ポリュネイケース、ティデウス、エテオクレースの話、アポロニウスがティールとシドワヌ

を引き留めた話，アレクサンドル大王の話，エロとレアンドルの話，カドモスの逃亡とテーベ建国の話，イアソーンと決して眠らない龍の話，豪腕の持ち主アルシドの話，フィリスがデモフォンへの恋におぼれて9度も言い寄った話，ナルシスが泉に映った自分の姿に見ほれて溺れ死んだ話，プルートが美女オルフェを奪った話が語られました。（同，616-649行）

図版6　種々の楽器

ここまででも33行にわたって具体的な作品名や主人公の名前が多数列挙されているが，これ以降もなお聖書のなかの逸話，ギリシア・ローマ神話，クレティアン・ド・トロワをはじめとするフランス中世の文学作品や主人公が56行（650-706行）にわたって紹介されている。実に膨大な数である。いくら祝宴が2週間以上続くとしても，これらすべてを上演することは不可能なことであり，もちろん文学上の誇張ではあるが，これらの作品が当時南フランスや北フランスの宮廷で実

際に語られていたという背景は現実的と考えてよかろう。それらをできるだけ列挙することによってフラメンカの結婚の祝宴の盛大さを表現しようとしているのである。

宮廷の祝祭では屋内での宴会が終わると、場所を屋外に移して騎馬槍試合が挙行されることも少なくない。『フラメンカ物語』でもそのように推移するが、ここではその前にダンスパーティへと移行している。「宮廷を開く（催す）tenir cort」とは実に大がかりなイベントである。

> ㉑ このように各自がその得意とするところを語って聞かせました。伴奏のヴィエルの音や語り手のあいの手やかけ声で満ちあふれていました。そのとき王が一同に向かって言いました。「諸侯よ、汝らの楯持ちが食べ終えたら馬に鞍をつけさせよ。支度が整ったら騎馬槍試合に移ろう。しかしながらそれまでの間、王妃が我が麗しのフラメンカとダンスをするのを見たいもの。私自身も踊りの輪に加わろう。みなの者、さあお立ちなさい。ジョングルールは広間の中央を空け、テーブルに着かれよ」たちまち騎士、奥方、淑女たちは手に手を取り合いました。大勢の美人がおり、ブルターニュでもフランスでも、これほどの舞踏会は見たことがありません。200人の腕利きのジョングルールが隅に片付けられたベンチの所でヴィエルの音を一つにして伴奏をしています。ヴィエルの音は踊りにぴったり合っており、音がはずれる者はひとりもいません。（同、706-731行）

ここから描写は踊りに夢中になっている婦人たちの視線や仕草や行動に移り、「愛の神」が登場し、それに連れてアレゴリーとなり、「歓喜」「青春」「美徳」「吝嗇」「羨望」などが踊りの輪のなかで会話を交わす。『ばら物語』を連想させる。まるで舞踏会という、現実とは次元の異なる別世界が出

現したような印象を読者／聴衆に与えている。祝祭のもつ非日常性の極限をこのように表現しているととらえることができよう。

続けて騎馬槍試合に移るが、ここでは場所は城内であり、見物者は建物の窓辺から眺めるようである。

> ㉒ 38人以上の楯持ちがすでに馬に鞍をつけ、腹帯、紋章、旗、鈴などで飾りつけていました。騎馬槍試合の開始が宣されると、これほどきらびやかな舞踏会は二度と見られないであろうような踊りの輪にいた人々は散会し、それぞれ楯持ちに命じて自分の槍を持って来させました。ご婦人方も隅に引っ込んだりせず、みんな楽しそうに威儀を正して窓辺に席をとり、それぞれ奥方の愛を得ようと紋章をつけているひいきの騎士を見つけて、槍試合を楽しみます。
> （同、778-792行）

この後997人の武具をつけた騎士が戦うことになるが、その騎馬槍試合の様子が主として見物席の側から、フラメンカをはじめとして、そこにいる人々の会話などを交えながら長々と描写される。

図版7 騎馬槍試合

2．祝宴場面の果たしている効果

　上で見たように,『フラメンカ物語』におけるフラメンカとアルシャンボー・ド・ブルボン殿との結婚の祝宴の場面は, 異例と言えるほど詳細を極めている。それらは作者の単なる気まぐれあるいは趣味と考えることも不可能ではないかも知れないが, 作品構成上の何らかの意図があるかも知れない。以下では, 祝宴の場面が各作品のなかで果たしている文学的効果について考察したい。

(1) 作品のテーマとの関係
(a) 幸と不幸のコントラスト

　『フラメンカ物語』では,「あらすじ」でみたように, 結婚した二人はその後決して幸福な夫婦生活を送ることにはならない。夫たるアルシャンボー殿は, うら若き美人妻に他の男が近づくのを恐れ, フラメンカを閉じ込める。閉じ込められたフラメンカは心満たされず, そこに若き騎士ギヨームが司祭を助ける仕事を身につけ, フラメンカに言い寄り, 愛を勝ち得て密会を重ねる。結婚の祝宴の場面は物語の始まり近くに置かれており, その後に物語の主要な部分, すなわち青年ギヨームと人妻フラメンカとの恋が展開する。家と家との利害関係に基づく社会制度上での夫婦となることが公に広く披露される結婚の祝宴と, その当事者の一人である新妻を個人の人格のレベルでみていく男女の恋とのコントラストが強調されている。かくも盛大な祝宴の描写のなかで, 騎馬槍試合の見物席の場面まで, 宴会全体の壮大さが強調されるのみ

で，結婚の当事者であるフラメンカとアルシャンボー殿には一度も焦点が当てられていない。

(b) テーマの強調

クレティアン・ド・トロワは『エレックとエニッド』，『クリジェス』，『荷車の騎士ランスロ』，『ライオンの騎士イヴァン』，『聖杯物語ペルスヴァル』の5つの宮廷風騎士物語を書いている。エレック，クリジェス，ランスロ，イヴァン，ペルスヴァルといった主人公の騎士が危険な冒険を自ら求めて旅立ち，これに果敢に立ち向かい，いくつもの困難を克服して切り抜ける。最後の『ペルスヴァル』を除く4作品ではそのような騎士の行動の原動力として，ある特定の女性の愛を獲得するためであったり，その女性の赦しを得ようとすることが設定されている。クレティアン・ド・トロワは，そのような枠組みから生じる矛盾，すなわち，騎士としての務め・名誉と女性への愛をめぐる心の葛藤に焦点を当てている。その場合，結婚という制度の問題も大きな関心事であったようである。最初の2作では主人公の騎士は相手の女性と結婚しているが，次の2作では相手の女性は主君の奥方，王妃グニエーヴルであったり，打ち倒した騎士の未亡人であったりする。すなわち『エレックとエニッド』においては，結婚している騎士とその妻との愛が大きなテーマである。⑨，⑩，⑪で見たような二人の結婚の祝宴の場面の詳細な描写は，この作品における結婚のテーマの重要性を反映していると考えることができよう。

また⑫，⑬，⑭で見た，冒険成功後のエレックの帰還を

祝う祝宴は，結婚祝賀の宴よりもさらに盛大で，その描写もより詳細である。妻への愛と騎士としての務めを果たすことの両方を成し遂げた騎士，というのが大きなテーマであるこの作品において，その完遂を祝す宴会の場面が作品を締めくくる形で筆を尽くして語られていると言えよう。

このように，『エレックとエニド』における祝宴の場面は作品の主要なテーマと密接に結びついており，そのテーマを強調する機能を果たしていると言えるのではなかろうか。

(2) 冒頭（導入部）

『荷車の騎士ランスロ』のあらすじは以下のようなものである。

> アーサー王の宮廷に未知らぬ騎士（後にメレアガンと分かる）が現れ，王に挑戦し，自分が勝てば王妃グニエーヴルを連れ去る，負ければ虜にしている王の家臣を返す，と言う。王の家令クーが応戦するが敗れ，メレアガンは王妃を連れ去る。ランスロは王妃救出のため彼を追う途中乗馬を失い，通りかかった囚人用の荷車に，一瞬ためらった後乗る。ランスロは「危険の床」「剣の橋」の試練を経て，王妃の囚われているゴール国に達する。メレアガンと戦い，王妃を救出するが，彼女は荷車に乗るのを一瞬ためらったランスロを最初は許さない。さらに試練を経た後，ランスロはメレアガンを最終的に倒す。

一言で言えば，突然連れ去られた王妃グニエーヴルを救出するために騎士ランスロがさまざまな冒険や試練を乗り越えていく物語である。その発端は ⑥ に続いて次のように描かれている。

㉓ 食事が終わってもアーサー王は騎士たちと一緒に残っていました。広間は諸侯であふれかえっていました。王妃も一緒にいました。またフランス語を流暢に話す優雅な貴婦人たちも大勢いました。家令のクーは食卓係を指揮し，王侯付き食卓吏と一緒に食べていました。
　クーが食事をしていたそのとき，鎧兜に身を固めた一人の見知らぬ騎士が宮廷に姿を現しました。その武装した騎士は，騎士たちの真ん中に座っているアーサー王の所まで真直ぐ進み，挨拶もせずいきなりこう切り出しました。（『荷車の騎士ランスロ』34-50 行）

王妃連れ去り事件は，見知らぬ騎士が突如アーサー王宮廷に姿を現し自分との一騎討ちを挑むことから始まるのであるが，それはキリスト昇天祭の日に開催された盛大な宴会（⑥）の最中の出来事である。祝宴に最もふさわしくない事件であり，祝宴をぶちこわしてしまったのである。平和なアーサー王宮廷の日常が破壊され，それを回復すべく騎士たちが冒険に挑み，最後にふたたび平和がとり戻されるという大きな枠組みが考えられるが，その平和なアーサー王宮廷を最もよく象徴するものとして祝宴の場面が設定されているのである。

同じような構成は『ライオンの騎士イヴァン』についても指摘できる。次のようなあらすじである。

アーサー王宮廷の騎士イヴァンは，ブロセリアンドの森で魔法の泉を守る騎士に挑まれ彼と戦い，相手に傷を負わす。その騎士の城で，傷がもとで死んだ騎士の妻ローディーヌと恋に落ち，結婚する。イヴァンは一年の約束で冒険の旅に出るが，約束を違えローディーヌの愛を失う。失望したイヴァンは再び冒険の旅に出て，途中で一頭のライオンを

救い，以後伴侶とする。様々な試練を経た後，ブロセリアンドの泉に帰り，ローディーヌの愛を取り戻す。

その冒頭は引用 ④ で始まり，次のように続く。

㉔ 王はウエールズのカルデュエルにいました。食事が終わると騎士たちは広間のあちこちに，奥方や淑女や侍女たちに呼ばれて，三々五々集っていました。ある者たちは物語を，ある者たちは愛についてその苦しみ，悲しみや，愛の掟に従う者が味わう大きな喜びについて話していました。甘美な愛の掟は以前はよく守られていましたが，近頃は愛の神に従う者が少なく，その掟がないがしろにされています。（『ライオンの騎士イヴァン』，7-20 行）

こうして婦人たちが愛について食後の会話を交わしている場面が続いている。（同，21-41 行）

㉕ ところがその日，アーサー王はみなを残して早々に引き上げたので，騎士たちは驚きました。人々は不安になり，ひそひそといつまでも囁き合っていました。というのもこのような大祝宴の日に王が，休息のためであれ床に就くためであれ，早々と自分の部屋に引き上げるのを見たことがなかったからです。しかしその日はそのようなことが実際に起こったのでした。王妃が王に付き添い，王は彼女のそばで眠り込んでしまいました。（同，42-52 行）

その隣室では，アーサー王不在のまま騎士たちが会話を交わしているが，そのときある騎士によってブロセリアンドの森の不思議の泉の話が紹介され，それを聞いた騎士たちがわれこそはとその泉の冒険へと挑んでいくのである。ここでもアーサー王宮廷の平穏さの象徴として宴会および食後の会話の場面が設定されている。

『エレックとエニッド』のあらすじはすでに上でみたが，その冒頭近くに復活祭の宴会の場面がある。(②)その宴会が終わる前にアーサー王がある提案をし，それに対して騎士ゴーヴァンが異をとなえる。

㉖ 宮廷がお開きになる前に，王は騎士たちに言いました。いにしえのしきたりを復活して，白鹿狩りを行ないたいと。ゴーヴァン殿は賛成ではなかったので，王の提案を聞くと即座に言いました。「殿，その狩りを挙行しては感謝も賞賛も得られないでしょう。白鹿狩りのしきたりがどんなものか，以前からみんなよく知っています。白鹿を射止めた者は，殿の宮廷の中で最も美しい乙女に，誰が何と言おうと接吻しなければなりません。それが不幸の元となるのは必定です。というのも，宮中には王や身分の高い諸侯の娘をはじめ気品ある美女が500人もおり，それぞれが恋人として勇猛果敢な騎士をもっており，その騎士の誰一人として自分のお気に入りの淑女こそ最も美しく優雅な女性だと思っていない者はいないからです」王は応えます。「それは分かっておる。しかし私の提案を撤回するつもりはない。王が一度口に出したことに対しては，いかなる反論も許されない。明日の朝，冒険に満ちたあの森に胸をはって白鹿狩りに出かけよう。この狩りは大きな見ものとなるであろう」(『エレックとエニッド』，35-66行)

こうしてアーサー王が提案した白鹿狩りが強行

図版8 白鹿狩り

され，エレックの冒険譚が始まるのである。ここでも平和なアーサー王宮廷に平和の乱れが生じ，騎士たちがさまざまな冒険を克服し，再度平和がとり戻されることで物語が終結するという構造がみられる。そのアーサー王宮廷の平和を象徴するものとして，祝宴の場面が設定されている。

(3) 転換点

　先にみたように，『トリスタンとイズー物語』において，トリスタンとイズーが誤って媚薬を飲んだことがその後の二人の運命にとっての決定的な出来事であるが，その日は夏至に近い6月24日の「聖ヨハネの祭日」に設定されていた。同様に，マリ・ド・フランスの「ランヴァル」においても，王妃がランヴァルに言い寄った日が「聖ヨハネの祭日」であり，その日を境にして物語の後半へと移っていく。これらの2作品にあって，物語の転換点として「聖ヨハネの祭日」という大きな祝祭日が設定してあるが，それは暦の上での時節指示のためであり，具体的な祝宴については言及されていない。

　それに対して次にみるマリ・ド・フランス作『短編物語集』のなかの一編「ビスクラブレ（人狼，狼男）」では，物語の転換点として祝宴そのものが大きく関係している。物語のあらすじは次のようなものである。

> 夫ビスクラブレが週三日は姿を消すので，妻はそのことを問いただし，夫が森で服を脱ぎ狼になるという秘密を知る。妻は新しくできた恋人の青年騎士に夫の服を奪わせ，狼の姿になっている夫は人間に返ることができなくなる。その狼が王の狩りで捕まり，宮廷に連れ帰られるが，妻と青年騎士にのみ激しく襲いかかるので，妻が拷問によって問い

ただされ，秘密が明かされ，狼男は人間に返り，妻と青年騎士は追放される。妻の家系では鼻の欠けた女児が生まれる。

この物語においては，妻が夫を裏切り別の男性と愛を営む行為が誰にも知られることなく進められていたが，あることをきっかけにその秘密がばれることになる。その時点を境にして，快楽を謳歌していた妻の生活が一変する。それは森で捕まえた狼が妻と青年騎士にのみ激しく噛みつくという異様さにみなが気が付くところから始まる。その場面は次のような次第である。

㉗ その後どのようなことが起こったかお聞きください。王が招集した宮廷に，王から封土を拝領しているすべての臣下が，祭を手伝い盛大なものにするために集まりました。ビスクラブレの妻を我が物とした例の騎士も豪華に着飾ってやって来ました。彼はビスクラブレをかくも間近で見ることになろうとは夢にも思っていませんでした。彼が宮廷にやって来るやいなや狼の姿のビスクラブレはすぐに気が付き，彼を目がけて突進したかと思うとがぶりと噛みつき自分の方に引き寄せました。そのとき王が大声で叫び棒を持って止めに入らなかったら，騎士は酷い目に会っていたでしょう。狼はその日彼を二度でも三度でも食いちぎろうとしていました。今までこの狼が人を見てもこれほど激しく襲いかかろうとしたことはなかったので，人々は不思議に思いました。これには何か訳があるのだろう，あの騎士が何か悪事を働いたので狼が仕返しをしようとしているに違いないと言い合いました。（「ビスクラブレ」，185-210 行）

物語前半の妻の浮気の成功と後半のその秘密がばれることの転換点として，狼の姿となっているビスクラブレと妻の浮気の相手の騎士との出会いが設定されているが，その片方の

人物は晴れやかな宮廷の宴会に参加するために豪華な服装に身をかため意気揚々とやって来る。その後の彼を待っている悲惨な運命との対比を強調する効果をもっているが、そのためにここでも宴会の機会が利用されている。

(4) クライマックス

クレティアン・ド・トロワやマリ・ド・フランスよりも1世紀くらい後の13世紀末頃書かれた、作者不詳の『ヴェルジ城主の奥方』という作品は以下のようなあらすじである。

> ブルゴーニュ大公の姪でヴェルジ城主の奥方と大公の信頼の厚い勇敢な騎士とが相愛になる。二人の密会は奥方が仕込んだ子犬の仲立ちで行なわれた。ある日大公妃がその騎士を見初め言い寄るが、騎士は主君である大公への忠義を理由に拒絶する。怒りに燃えた大公妃は大公に、騎士が自分に言い寄ったと、事実を逆にして訴える。翌日大公に真相を明かすよう迫られた騎士は、身の潔白を証明するためにやむをえず、自分にはほかに好きなひとがいると、ヴェルジ城主の奥方との秘密を告白する。騎士を罰しない大公をみて不審に思った大公妃は、真相を話すようにと大公に迫る。妃に迫られた大公はやむなく騎士との約束を破り、子犬の秘密を妃に話す。嫉妬に燃える大公妃は聖霊降臨祭の祝宴の際、騎士の恋人のヴェルジ城主の奥方に、「あなたは子犬の馴らし方が上手ね」と皮肉を言う。秘密がばれているのを知ったヴェルジ城主の奥方は、それは騎士が大公妃に秘密を漏らしたからに違いない、ということは騎士の心が自分から離れ大公妃に移ったからだ、と悲観し、悲しみのあまりその場で息絶える。それを知った騎士は、自分が秘密を主君の大公に話したのが悪かったのだとの自責の念から、その場で自刃する。すべてを知った大公は、血のしたたる騎士の剣を取り、秘密を破った妃を舞踏会の最中に

みなの面前で斬り殺す。大公自身は十字軍に旅立つ。

　お気づきのように，先にみたマリ・ド・フランスの「ランヴァル」と筋の上での共通点が多い。クレティアン・ド・トロワの物語（ロマン）やマリ・ド・フランスの短編物語がケルトの伝説の世界が舞台であったのと比べると，この作品は場所や登場人物など13世紀のフランスを舞台としており，聴衆／読者にとってより身近なものとなっている。そのようなところから「写実的物語」と呼ばれることがある。結末がハッピーエンドではなく悲劇で終わっている点，しかもその悲劇が自刃や血なまぐさい殺人で描写されている点も，それまでの作品と大いに異なっている。

　ここで注目したいのは，物語を締めくくる大団円の場として聖霊降臨祭の祝宴の場が設定されているという点である。豪華，華麗な祝宴が表面的な幸福の象徴として，内実の不幸，悲劇との対比として描かれているということはすでに多くの作品に指摘できたことであるが，この作品においては物語の結末において，悲劇を最大に描くために最も華やかな祝宴のしかも舞踏会の場が用いられている。

まとめ

　フランス中世文学のなかでも特に騎士や宮廷が扱われている作品において，祝宴の場面は頻繁に登場する。それらは単に暦上の時節を指示するためだけの場合もあるが，非常に詳しく描写されている場合もある。祝宴の様子が詳細に描写されている場合に限らず，祝宴の場面が作品の構成上何らかの

役割をはたしている場合も少なくない。祝宴の華やかさと主人公の悲運との対比であったり，運命の分かれ目，話の筋の転換点であったり，突然の大団円であったりである。騎士の活動を描く作品において，騎士の生活の拠点としての宮廷における祝宴の非日常性，重要性がそれだけ大きかったということの反映であろう。

参考文献

作品

クレティアン・ド・トロワ『エレックとエニッド』Mario ROQUES (éd.), *Les Romans de Chrétien de Troyes I, Erec et Enide*, Champion (CFMA), 1970.

同『クリジェス』Alexandre MICHA, *Les Romans de Chrétien de Troyes II, Cligés*, Champion (CFMA), 1970.

同『荷車の騎士ランスロ』Mario ROQUES (éd.), *Les Romans de Chrétien de Troyes III, Le Chevalier de la Charrete*, Champion (CFMA), 1972.

同『ライオンの騎士イヴァン』Mario ROQUES (éd.), *Les Romans de Chrétien de Troyes IV, Le Chevalier au Lion (Yvain)*, Champion (CFMA), 1971.

同『聖杯物語ペルスヴァル』Félix LECOY (éd.), *Les Romans de Chrétien de Troyes V-VI, Le Conte du Graal (Perceval)*, tome I et II, Champion (CFMA), 1975.

マリ・ド・フランス『短編物語集』(「ヨネック」,「ランヴァル」,「すいかずら」,「ビスクラヴレ」Jean Rychner (éd.), *Les Lais de Marie de France*, Champion (CFMA), 1971.

『トリスタンとイズー物語』*Tristan et Yseut, Les premières versions européennes*, édition publiée sous la direction de Christian MARCHELLO-NIZIA, avec la collaboration de Régis BOYER, Danielle BUCHINGER, André CREPIN, Mireille DEMEULES, René PERENNEC, Daniel POIRION, Jacqueline RISSET, Ian SHORT, Wolfgang SPIEWOK et Hana VOISINE-JECHOVA, Gallimard (Pléiade), 1995.

『フラメンカ物語』*Flamenca*, Roman occitan du XIIIe siècle, Texte établi, traduit et présenté par Jean-Charles HUCHET, Union Générale d'Edition (10/18), 1988.

『ヴェルジ城主の奥方』Gaston RAYNAUD (éd., quatrième édition revue par Lucien FOULET), *La Chastelaine de Vergi*, Champion (CFMA), 1963.

その他

高山博,池上俊一『宮廷と広場』刀水書房,2002.

J. M. ファン・ウィンター著,佐藤牧夫・渡部治雄訳『騎士―その理想と現実』東京書籍,1982.

ヨアヒム・ブムケ著,平尾浩三・和泉雅人・相澤隆・斎藤太郎・三瓶慎一・一條麻美子訳『中世の騎士文化』白水社,1995.

フィリップ・ヴァルテール著,渡邉浩司・渡邉裕美子訳『中世の祝祭―伝説・神話・起源』原書房,2007.

ハインリヒ・ブレティヒャ著，平尾浩三訳『中世への旅―騎士と城』白水社, 1982.

マドレーヌ・P・コズマン著，加藤恭子・平野加代子訳『中世の饗宴―ヨーロッパ中世と食の文化』原書房, 1989.

マドレーヌ・P・コズマン著，加藤恭子・山田敏子訳『ヨーロッパの祝祭典―中世の宴とグルメたち』原書房, 1986.

図版出典

図版1 パリ，フランス国立図書館蔵

図版2 パリ，フランス国立図書館蔵

図版3 S. Comte, *La vie en France au Moyen Age*, Minerva, 1978-1981, p.56

図版4 同上, p.91

図版5 同上, p.98

図版6 同上, p.91

図版7 ハイデルベルグ大学図書館蔵

図版8 パリ，フランス国立図書館蔵

ガウェイン詩人とチョーサーに見る祝宴と罠

中尾 佳行

はじめに

　祝宴はそもそも楽しいものである。しかし，その楽しさにはしばしば危険が潜んでいる。『ガウェイン卿と緑の騎士』(*Sir Gawain and the Green Knight*, SGGK と略記) とチョーサーの『トロイラスとクリセイデ』(*Troilus and Criseyde*, Tr と略記) にある宴会に着目し，それらは一見楽しい会に見せられてはいるが，そこには罠が仕掛けられていることを捉えてみた。仕掛けるものと仕掛けられるものとの間で緊張関係が生じ，人物のテストを通して思わぬ人物特性が顕在化していること，またそのプロセスは物語の中での重要なモチーフ及び転換点になっていることを明らかにしたい。

1．物語の概要

　本論で取り上げる2作品，『ガウェイン卿と緑の騎士』とチョーサーの『トロイラスとクリセイデ』の概要を述べておこう。祝宴と罠に関係する箇所はボールドで際立てた。

(1) 『ガウェイン卿と緑の騎士』

　アーサー王宮廷では新年の祝宴が行われている。アーサー王は祝宴に不可思議なことが起こるのを楽しむ。この場に，

突如緑の騎士が現れる。彼は，円卓の騎士に自分に一撃を与えよ，しかしその仕返しとして1年後に自分が一撃を与える，という約束を取りつける。**祝宴に命がけの挑戦が仕組まれる。ガウェインはこの挑戦を受け**，見事緑の騎士の首を打ち落とす。緑の騎士はその頭を持ち上げ，立ち去る。

ガウェインは1年後この＜仕返し＞という約束を果たすために，緑の騎士を捜して旅に出る。途中丘の上に邸を見つけ，そこに逗留できるよう願う。主人に歓迎され，クリスマスの祝宴を楽しむ。**しかし，この祝宴は，ガウェインを油断させ，騎士ベルティラック（後に緑の騎士として判明する）の奥方の誘惑（罠）を導く。**騎士とガウェインはその日に得たものをお互い交換するという約束をする。ガウェインは奥方の誘惑を3度受ける。**いずれの誘惑も祝宴の翌朝，城主が狩に出かけた後，ガウェインの寝室でのことである。**1度目と2度目の誘惑では，奥方から接吻される。主人のベルティラックが得た物とその接吻を交換し，約束を果たす。しかし3度目の誘惑では，接吻の他に着用すれば不死身になるという緑の帯を授かる。このことを主人に隠し，接吻のみで交換する。かくして約束を違えてしまう。

ガウェインは城主に祝宴を開いてもらう。そして翌日緑の騎士の仕返しの挑戦を受けるため，立ち去る。彼に会うことができ，彼の仕返しを受ける。1度目と2度目の斧の打ち下ろしは，首を打ち落とす真似である。しかし，3度目はガウェインの首に少し傷をつける。緑の騎士は，緑の帯のことを自分に隠し立てしたため，罰したのだと言う。緑の騎士は妻を

使って彼の誠実さを確かめたのだと言う。彼が言うには，自分は邸に住む老婦人モルガン・ラ・フェイに魔法をかけられて，緑の騎士に変身させられた，アーサー王宮廷に行って，円卓の騎士の武勇の実を試すようにしむけられた，また妻を使ってガウェインの誠実さを試したのだ，と真相を明かす。ガウェインは以後この緑の帯を自分の不誠実の印として身につけることを決意する。アーサー王宮廷の騎士も同様にこの帯を身につけることを決意する。

(2) 『トロイラスとクリセイデ』

トロイ・ギリシャ戦争の時代，トロイの王子トロイラスは未亡人であるクリセイデに一目惚れする。行動に踏み切れない性格であったが，友人でありまたクリセイデの叔父であるパンダラスの助けを得て，彼女にアクセスし，彼女との恋を成就することができる。**二人を結びつけるためのパンダラスの計画が，彼の家での祝宴（夕食会）であり，それに続く罠，トロイラスとクリセイデの愛のクライマックス（合体）である。**

しかし幸せも束の間，捕虜交換で彼女はギリシャ側にいくことが余儀なくされる。彼女の父親，予言者カルカスはトロイの運命を察して，いち早くギリシャ側に逃亡していた。この捕虜交換は，彼の希望が反映したものでもある。クリセイデは10日後にはトロイに帰ると約束して，ギリシャ陣営に赴く。ギリシャ陣営に送られた彼女をギリシャの武将ディオメーデが求愛し，彼女は遂に彼を受け入れる。クリセイデは

トロイラスとの約束を果たすことができない。裏切りを知ったトロイラスは宿敵ディオメーデを倒そうとするが, アキレスに殺されてしまう。

2．両作品における祝宴と罠── 場面（場所・時間）の設定

(1) 『ガウェイン卿と緑の騎士』

　ケルト的な魔術とキリスト教的背景が融合的に使用されている。魔女モルガン・ラ・フェイの魔術が城主バーティラックに掛けられ, 彼は緑の騎士となって, アーサー王宮廷に出向く。円卓の騎士の武勇の実を試すのが目的である。その試される日は, キリストの生誕を祝福するクリスマスである。またベルティラックは, 奥方を使ってガウェインを誘惑させる。（物語の最後にこの魔術の真相が種明かしされている）。

(a) 祝宴と罠の場所

(i) ＜挑戦のテーマ＞ アーサー王宮廷

　新年の「祝宴」: 緑の騎士 → アーサー王 → ガウェイン。

(ii) ＜誘惑のテーマ＞ ベルティラックの城

　クリスマスの「祝宴」: ベルティラック→奥方→ガウェイン。

(iii) ＜挑戦のテーマ＞ 緑の館

　ガウェインが緑の騎士に会い, 挑戦の報復を受けること。

(b) 祝宴と罠の時間

(i) 祝宴と挑戦のテーマ

　12月1日: アーサー王宮廷の新年の祝宴。
　　　　　不思議な冒険, 緑の騎士が提示する挑戦。

　　　　　　ガウェインによる挑戦の受け入れと約束。
　10月31日：万聖節。アーサー王による祝宴の開催。
　11月1日：ガウェインは緑の騎士との約束を果たすため
　　　　　に出立。
　12月24日：ある城に到着。クリスマスの祝宴に参加。
　12月25日：クリスマス。数々のご馳走。
　12月26日：聖スティーヴン際。歓楽。
　12月27日：聖ヨハネ祭。晩遅くまでの浮かれた酒の飲み
　　　　　交わし。祝祭の季節, 神の祭日。
　12月28日　児童祭（元旦の朝, 緑の礼拝堂で緑の騎士に会
　　う約束の呈示。)

(ii) 祝宴と誘惑のテーマ
　12月29日：第1回目の誘惑。
　12月30日：第2回目の誘惑。
　12月31日：第3回目の誘惑。

(iii) 祝宴と挑戦のテーマ
　1月1日：ガウェインが緑の騎士に会う日。
　1月6日：キリストの公現。

　　　（時の設定全般については, 宮田 1979:105-8 参照）

(2) 『トロイラスとクリセイデ』

　本作品での祝宴と罠は, パンダラスの企画・立案・実行で推し進められる。パンダラスは, 大雨になると分かっている日にクリセイデを彼の家に招待する。語り手によれば, 運命・神意が働いて大雨となり, 彼女はパンダラスの家に逗留する

ことになる。トロイラスは彼の家で待機している。トロイラスがクリセイデの前に現れる。最初彼女は躊躇するが、彼を受け入れ、両人は合体する。宮廷恋愛の密室性（寝室）のモチーフが使用されている。

(a) 祝宴と罠の場所

　パンダラスの家の寝室。

(b) 祝宴と罠の時間

　大雨が降り、クリセイデがパンダラスの家に逗留せざるを得ない日、神意・運命の働いている日。

3.『ガウェイン卿と緑の騎士』に見る祝宴とその罠

(1) 挑戦のテーマ

　アーサー王は新年早々の祝宴において、全てのものにご馳走し、また不可思議な話を聞くのが好きだった。緑の騎士がこの祝宴の場に現れ、「勇気のあるものがいるならこの斧をもって、自分に一撃を与えよ。ひるまないでそれに耐えるから。しかし、返しの一撃をそのものに与えることを認めてもらいたい。彼には12ヶ月と1日の猶予の期間を与えよう。」と挑戦状を突きつける。この挑戦をガウェインが受け取り、緑の騎士の頭を斧で一刀両断する。緑の騎士はその頭を掴み、ガウェインに約束を果たすよう告げる。「さもないと卑怯者と呼ばれることになるぞ」と言って立ち去る。春、夏、そして冬へと季節は巡る。万聖節の日、アーサー王宮廷で祝宴を開いてもらう。広間に激しい悲嘆の声が流れる。ガウェインは反撃することなく、仕返しを受けないといけない。祝宴

の楽しさとは裏腹に心理的な不安が醸成される。ガウェインは, 緑の騎士を求めて旅する。小さな丘の上に邸を見つける。門番に逗留できるかたずねる。邸の主人に歓迎される。

(2) 誘惑のテーマ

邸は, 祝祭の歓楽で満ちている。12月24日のクリスマス・イヴ, 25日のクリスマス, 26日の聖スティーヴン祭, 27日の聖ヨハネ祭, 遅くまで歓楽が続く。28日の児童祭において, ガウェインは, 主人に正月緑の騎士に会う約束をしていることを告げる。邸の主人はその約束が果たせるよう案内を付けることを約束する。主人のもう一つの約束, 森で得た物をガウェインに与えるかわりに, ガウェインが得た物を主人に与えるように, という約束を交わす。このことを誓い合い, 盃を酌み交わす。

奥方の美しさは次のように描かれ, その妖艶さが強調されている。

> Ho watz þe fayrest in felle, of flesche and of lyre,
> And of compas and colour and costes, of alle oþer,
> And wener þen Wenore, as þe wyȝe þoȝt. (SGGK 943-5)
> （テクストは Davis 1967, 邦訳は宮田 1979 を使用。）

（奥方は膚, 肉附き, 顔立ちと言い, 体の均整, 色艶と言い, 身のこなしと言い, 他の誰にも立ち勝って美しく, グゥイニヴァよりももっと美しいとガウェインには思われたのだ。）

(i) 祝宴の後の奥方の第1回目の誘惑

翌朝 (12月29日), 城主は狩に出かける。奥方がガウェインの寝室に来て誘惑する。

ȝe are welcum to my **cors**,
　Yowre awen won to wale,
　Me behouvez of fyne force
　Your seruant be, and schale.' (SGGK 1237-40)
（よくいらして下さいましたわね。どうぞお心のままになさって下さいませ。わたくし，ぜひとも，あなたの召使いにならなければなりませんし，また召使いになりたいと存じますわ。）

my cors (1237) は，'my body' と 'myself' を意味し，両義的である (Andrew and Waldron 1996: 253 及び池上 2009: 123 の注釈参照)。'my body' は明らかに性的な意味を潜めている。(MED s.v. cors 3. (a) An individual, a person, (one's) person, (one's) self; *mi cors*, etc., myself, etc. を参照。) 奥方は，「ガウェインは自分の愛を受け入れないだろう」と密かに思う。奥方から接吻を求められ，ガウェインは接吻だけは許す。主人は鹿でもって，ガウェインは接吻で，お互いに得た物を交換する。ガウェインと城主のところに新鮮なご馳走が出される。極上の酒が何回となく彼らのところに運ばれてくる。

(ii) 祝宴の後の第 2 回目の誘惑

　翌朝城主は狩に出かける。奥方はガウェインの寝室に入る。奥方から「あなたのそばに座るのが 2 度目なのに愛の言葉らしい言葉がないのはどういうことか」とけしかけられるが，ガウェインは挑発にのらず，見事に身を守る。奥方は接吻を与えて立ち去る。主人が狩で得た猪とガウェインの接吻とを交換する。「晩餐の間とその後では，クリスマスの合唱

曲や新しい祝歌のような，崇高な歌の数々が，さまざまに歌われ，凡そ一々挙げうるかぎりの，ありとあらゆる上品な歓楽が尽くされたのだが，優雅な騎士ガウェインは終始奥方と並んで席を占めていたのだ。奥方はこのたくましい騎士ガウィエンを喜ばせようと，ひそかに秋波を使いながら，要領よく彼に愛想を尽くしたので，ガウェインは全く驚くと同時に，心の中で怒りを感じたのであった。」（宮田 1979: 66）

(iii) 祝宴の後の第3回目の誘惑

翌朝城主は狩に出かける。奥方は1回目，2回目の時同様にガウェインの寝室に忍びよる。

> Hir þryuen face and hir þrote þrowen al naked,
> Hir brest bare bifore, and bihinde eke.
> Ho comez withinne þe chambre dore, and closes hit hir after,
> Wayuez vp a wyndow, and on þe wyȝe callez,
> 　　　　　(SGGK 1740-3)

（奥方の美しい顔も喉も胸も背も，露わに見えていた。部屋のドアーの中に入るや，奥方はドアーを閉め，窓を開け放ってから，ガウェインに呼びかけ，矢継ぎ早に愉快な言葉つきで，面白そうにからかうのであった）

> þe lady luflych com laȝandde swete,
> Felle ouer his fayre face, and fetly hym kissed;
> 　　　　　(SGGK 1757-8)

（奥方は艶然と微笑みつつ淑やかに近づき，ガウェインの美しい顔の上に覆いかぶさって，いとも優雅に接吻を与えた。）

奥方はぎりぎりの態度に出るので，ガウェインは奥方の愛を受け入れるか，邪険に断るか悩む。奥方は，黄金細工の見

事な指輪を贈り物として差し出すが,ガウェインは高価として断る。そこで奥方は,「あまり役にも立たない,私の緑の帯」と称して,彼女の腰の周りに締められていた帯を差し出す。「この帯に織り込まれている価値を知ったら,もっと高価に評価するだろう」と次のように言う。

> For quat gome so is gorde with þis gene lace,
> While he hit hade hemely halched aboute,
> þer is no haþel vnder heuen tohewe hym þat myȝt,
> For he myȝt not be slayn for slyȝt vpon erþe.'
> (SGGK 1851-4)

（どなたでも,この帯をお締めになる方は,この帯をきちんと締めている間は,絶対に殺されないという不死身になって,この世の誰一人として,決してその命を奪うことはできないのですもの。）

ガウェインはその帯を受け取る。奥方はそれを誰にも示さず夫にも明かさないようにと言う。そして接吻して立ち去る。

　主人はキツネの毛皮で,ガウェインは3回の接吻で,お互いに交換する。歓楽,吟唱,思う存分のご馳走と続き,かくして人々は歓楽の限りを尽くした。

(iv) 挑戦のテーマ ((i)の挑戦のテーマに戻る —入れ籠的な構造)

　ガウェインは,緑の騎士に会うために邸宅を出発する。案内人は緑の騎士は残虐非道なので避けるように言うが,ガウェインはがんとして受け入れず約束を果たしにいく。緑の礼拝堂で緑の騎士と会う。緑の騎士の仕返しを受ける。1度目の斧の振り下ろしに対し,ガウェインは少しひるむ。2度目の斧の振り下ろしは,相手の体に触れる直前でとまる。そして

3度目の斧の振り下ろしは，皮膚を裂く程度の軽い傷を首の片側につける。緑の騎士は，1回目，2回目で傷つけなかったのは，ガウェインが約束を果たしたから，しかし3度目で少し傷つけたのは，3度目の交換のとき，ガウェインは緑の帯のことを隠し，過ちを犯したからだと指摘する。またガウェインを試すための罠，即ち，妻を送ったことを明かす。社会的に見ると城主は家臣である騎士をつなぎ止めるために，奥方の行動をある程度の許容範囲で認めていたのかもしれない。(山代宏道氏の指摘に負うところが大きい。)とすれば，罠は決して偶然的なものではなく，祝宴に伴う本質的な要素と言ってもよかろう。

語り手は，女は熱愛しても，信じないのが得策，と意味深長なことを述べる。

> Now þese were wrathed wyth her wyles, hit were a wynne huge
> To luf hom wel, and leue hem not, a leude þat couþe.
> (SGGK 2420-1)

(さて，これらの人たちは何れも，女の策略にかかって不幸な目に遭ったのですが，もし出来るならば，男は女を熱愛して，しかも信じなければ，得るところ大というわけでしょうがね。)

緑の騎士の種明かしは次の通りである。邸の主人ベルティラックは，モルガン・ラ・フェイの魔術(アーサー王の異父姉)で緑の騎士にされ，アーサー王宮廷の円卓の騎士の真偽の程を試すよう，この奇怪なことを起こした。そして妻を使って，ガウェインの誠を試したのだ。ガウェインはアーサー王宮廷に帰って，自分の罪を告げ，その証としての緑の帯を示

す。アーサー王宮廷の騎士は全員緑の帯を身につけることにする。

　以上,『ガウェイン卿と緑の騎士』において,連続的・発展的にガウェインにし向けられる祝宴と罠は,結果として見ればガウェインにマイナスに働くのではなく,彼の自己発見,つまり,さもなくば分からなかったであろう「人間的弱さ」への洞察を導いている。またガウェインに罠をかけた緑の騎士が,実はモルガン・ラ・ファイによって罠をかけられているという罠の階層構造は,視点の入れ籠構造あるいはラブリンスとでも言えるものを実現している。混迷とする現代において益々重要度を増してきている発想と見なされよう。

4.『トロイラスとクリセイデ』に見る祝宴とその罠

(1)『トロイラスとクリセイデ』のプロット

第1巻：パラデオン寺院での祝祭日（トロイを建国したパラス（アテーナ）の祝祭日）：トロイラスはクリセイデに一目惚れする。

第2巻：トロイラスの兄弟デフェブスの家において,クリセイデが彼女を苦しめている敵,ポリフェテについて,デフェブスとヘレン（王子パリスの妻）に相談する。トロイラスは事前にこの家に来ているが,病気を装いベッドに伏せている。これは,トロイラスとクリセイデの初めての邂逅である。

第3巻：大雨となる日を予測したまさにその日にパンダラスは家での夕食会にクリセイデを招待する。トロイラスは彼の家で待機している。大雨となりクリセイデは逗留する。トロイラスの突然の現れにクリセイデは最初躊躇するが,彼を最終的には受け入れ,二人は初めて合体する。

第4巻：クリセイデは捕虜交換でギリシャ陣営に送られることが国会で決定される。この問題にいかに対応するか，トロイラスとパンダラスの話し合いがトロイラスの家で，またトロイラスとクリセイデの話し合いが，クリセイデの家で行われる。

第5巻：トロイラスとパンダラスはトロイの同盟国，リシアの王であるサーペドンの家で，クリセイデが約束したギリシャ陣営から帰ってくるまでの10日間，時間をつぶすことにする。クリセイデは10日立ってもトロイに帰ってこない。トロイラスは彼女の裏切りを知る。トロイラスはアキレスに殺され，死後第8天界に昇る。そこから流動的なものに右往左往する人間の住む小さな地球を見る。

(2) 祝宴と罠

祝宴はトロイラスとクリセイデを結びつけるための手段として，パンダラスによって立案・実行されている。祝宴（ここでは夕食会）の計画，祝宴の後の寝室（狭い空間），その寝室で起こる誘惑が有機的に絡まって，事が進行している。密室性（家，部屋，ベッド）は宮廷恋愛の一つのモチーフではあるが，それがメトニミカルに精緻化されていることには注意すべきである。

彼女の寝室に，パンダラスの案内でトロイラスが案内される。クリセイデがホラステという騎士に色目を使ったので，トロイラスが苦しんでやってきた，という想定である（パンダラスの捏造）。クリセイデは躊躇するものの，彼の苦悶に同情し，慈愛の心で遂に彼をベッドに受け入れる。物語の最大のクライマックスは，最も狭いベッドの上で成就する。クリセイデはトロイラスがパンダラスの家にくることを直観的

に知っていた節があり,彼女が罠にはまったのか,そうしたいからそうしたのか,微妙である。クリセイデは,自分の期待を満たしながら,同時に自分の名誉を守り,巧みに罠にはまっていったとも言えよう。

(3) 罠の事例分析

祝宴（夕食会）に絡み,罠がどのように仕掛けられているのか,筋を追って分析してみよう。パンダラスは夕食会の招待以前に,彼の家でトロイラスとクリセイデを引き合わせることを宣言している。

> But I conjure the, Criseyde, anon,
> And to, thow Troilus, whan thow mayst goon,
> That at myn hous ye ben at my warnynge,
> For I ful wel shal shape youre comynge;
>
> "And eseth there youre hertes right ynough;
> And lat se which of yow shal bere the belle
> To speke of love aright!"—therwith he lough—
> "For ther have ye a leiser for to telle." (Tr 3.193-200)
> (チョーサーのテクストは Benson 1987, 邦訳は宮田 1979 を使用。)

（ところで,お前にお願いがあるんだが,クリセイデ,一人はお前,それに外の一人として,歩行可能におなりになれば,トゥローイラスさん,ご招待する節には,ぼくの家にお越しいただきたいですね。お迎えする用意は充分にしておきますから。ぼくの家でお二人とも,ゆっくり寛いでいただきたい。恋愛談にかけては,あなたの方の内のどちらか,ずばり上手なのか,確かめてみようじゃありませんか。こう言って笑いながら,彼は更につけ加えました。「だって,ぼくの家では,お喋りの時間なら,あなた方はたっぷりお持ちになれるんですから。」）

パンダラスはその日が大雨になると知っている日にクリセイ
デを夕食に誘いにくる。トロイラスには彼の家で待機するよ
う指示している。

> Right sone upon the chaungynge of the moone,
> Whan lightles is the world a nyght or tweyne,
> And that the wolken shop hym for to reyne,
> He streght o morwe unto his nece wente—
> Ye han wel herd the fyn of his entente.
>
> Whan he was com, he gan anon to pleye
> As he was wont, and of hymself to jape;
> And finaly he swor and gan hire seye,
> By this and that, she sholde hym nought escape,
> Ne lenger don hym after hire to cape;
> But certeynly she moste, by hire leve,
> Come soupen in his hous with hym at eve.
>
> At which she lough, and gan hire faste excuse,
> And seyde, "It reyneth; lo, how sholde I gon?"
> "Lat be," quod he, "ne stant nought thus to muse.
> This moot be don! Ye shal be ther anon."
> So at the laste herof they fille aton,
> Or elles, softe he swor hire in hire ere,
> He nolde nevere comen ther she were. (Tr 3.548-67)

(一晩二晩,闇夜がつづきという月の直後で,しかも,今にも
雨の落ちそうな雲行きでしたが,パンダラスはある朝,まっす
ぐに姪の邸に向かいました,彼の意図の何たるかは,皆さんの
先刻充分承知のところです。姪の邸に着くや,例のとおり,早
速,冗談や自嘲を始めましたが,その挙句には,やたらに誓言
を繰り返しながら,姪に申しました,それは,決してぼくを避
けてはならない,息を切らしてお前の後を追っかけ廻らせる
ようなことは,もう真っ平だ,お前は今夜ぼくの家で,ぼくと

晩餐を共にすることを、ぜひとも承諾しなければならないのだ、というようなことでした。それを聞いて、クリセイデが笑いながら、しきりに言訳して、「雨が降ってるじゃありませんか。この雨じゃ、とてもお伺いできないわ」と言いますと、叔父は、「よした、よした、駄目だよ、そんな思案投首は、ぜひ来て貰わなくちゃ。すぐ来るんだよ」と言うのでした。やっと二人の間で話がまとまりました。パンダラスが姪の耳許で声を落として、それが嫌なら、もう二度とお前の所に来ないよ、と極めつけはしたのですが。）

パンダラスは、クリセイデに来ることを強制し (3.547, 3.549-50)、彼女の責任を回避している。彼女は彼の強い要請に折れるが、トロイラスがその場にいるかと小声で尋ねる。

> Soone after this, she to hym gan to rowne,
> And axed hym if Troilus were there.
> He swor hire nay, for he was out of towne,
> And seyde, "Nece, I pose that he were;
> Yow thurste nevere han the more fere;
> For rather than men myghte hym ther aspie,
> Me were levere a thousand fold to dye." (Tr 3.568-74)

（そのすぐ後で、クリセイデが声をひそめて、トゥローイラスも来るのかどうか尋ねますと、パンダラスは、彼は町にいないから来ないだろうと断言したのち、更に言いました、「お前、トゥローイラスさんがお見えになるとしても、それにこだわって、こわがることはないじゃないか、だって、トゥローイラスさんがうちに来てらっしゃるところが人に見付かるなんて、そんなへまなことをするくらいなら、死んだ方が千倍もましなんだから。」）

パンダラスは「いない」と彼女の問を否定し、直後、いたとしても恐れるには及ばない、彼が見つかる位なら千回も死ん

だ方がましだ、と付け加える。このパンダラスの反応を彼女がどのように受けとめたか、またいかに彼の招待に応ずるかを記述したのが下記の引用である。

> Nought list myn auctour fully to declare
> What that she thoughte whan he seyde so,
> That Troilus was out of towne yfare,
> As if he seyde therof soth or no;
> But that, withowten await, with hym to go,
> She graunted hym, sith he hire that bisoughte,
> And, as his nece, obeyed as hire oughte. (Tr 3.575-81)

(トゥローイラスは町にいないと、嘘とも本当ともつかず、パンダラスが言ったとき、クリセイデはどのように考えたでしょうか、この物語の原作者はそのことについて、はっきり述べようとはしていません。原作に見えるのはただ、パンダラスが頼むので、クリセイデはぐずぐずしないで、叔父と一緒に行くことに同意し、当然のことながら、姪として、叔父の言葉に従ったということだけなのです。)

語り手によれば、パンダラスが本当とも嘘とも言える感じで、トロイラスは町から出ている、と言った時、原典の著者はクリセイデがどのように感じたかは、はっきりと言いたくないのだ、但し、彼女はすぐさま、彼と行くことに同意した、と述べている。〈すぐさま〉は微妙である。そしてクリセイデは、夕食会の招待客に言及し、在りもしない話をでっち上げる人がいる、と注意する。

> But natheles, yet gan she hym biseche,
> Although with hym to gon it was no fere,
> For to ben war of goosissh poeples speche,
> That dremen thynges whiche as nevere were,

And wel avyse hym whom he broughte there;
And seyde hym, "Em, syn I moste on yow triste,
Loke al be wel, and do now as yow liste." (Tr 3.582-88)

（叔父と一緒に行くことを恐れはしなかったのですが、クリセイデは叔父にくれぐれ頼みました、それは、ありもしないことを想像するおめでたい人々の、さがない口を警戒していただきたい、誰を招待するかについても、充分気をつけていただきたいということでした。「叔父様、万事よろしくお願い致しますわ、お好きなようになさって下さいな、だって、叔父様を一等ご信頼してるんですもの、わたし」とクリセイデが言いますと）

このように人目を気にするのは、クリセイデの宮廷貴夫人としての礼節であるのか。トロイラスがいることを直観的に洞察していて、パンダラスに細心な注意を念押ししているのか。微妙である。

クリセイデは自分の責任感を転稼するように、パンダラスに全てを委託する。彼は彼女の意向を分かってか分からないでか、'yis' とのみ応える。

He swor hire yis, by stokkes and by stones, (Tr 3.589)
（パンダラスは大丈夫だとばかり、切り株、石にかけ）

語り手によれば、クリセイデはトロイラスの待機を知っていない、である。（トロイラスは狭い部屋に閉じこもって彼女を待っている。）

But who was glad now, who, as trowe ye,
But Troilus, that stood and myght it se
Thoroughout a litel wyndow in a stewe,
Ther he bishet syn mydnyght was in mewe,

Unwist of every wight but of Pandare? (Tr 3.599-603)

(さて, 今や喜んだのは誰でしょう, 皆さんのご推察の通り, それは他ならぬトゥローイラスでした。彼は真夜中から小部屋の中に閉じ籠っていたのですが, 立ったまま, そこの小さい窓越しに, 様子を垣間見ることができたのです, パンダラス以外には誰一人, それと気付くものはありません。)

クリセイデはパンダラスの仄めかし(3.570-4)によりトロイラスがいることを直観したのではないか。パンダラスが彼の家で二人を引き会わせると言ったこと(3.193-6)を覚えていたかもしれない。語り手が「知っていない」と言わなければ, 宮廷貴夫人としてのクリセイデは参加できないのである。

クリセイデはパンダラスの家の夕食会に参加し, 大雨のために逗留することになる。

But O Fortune, executrice of wierdes,
O influences of thise hevenes hye!
Soth is, that under God ye ben oure hierdes,
Though to us bestes ben the causez wrie.
This mene I now: for she gan homward hye,
But execut was al bisyde hire leve
The goddes wil, for which she moste bleve. (Tr 3. 617-23)

(ともあれ, ああ, 運命の女神よ, おお, 九天の霊妙なる力よ, 現身には, その力のみなもと, さだかならねど, まこと, あなたこそ, 現世に於いて, われわれを護り給うのだ。わたしが今, 運命を持ち出す真意はなんでしょうか, つまり, クリセイデはそそくさと, 家路に就こうとしたのですが, 有無を言わさず神意が下がって, クリセイデは留まらなければならなかったのです)

楽しいことの後に, 罠が仕掛けられている。この大雨は, 語

り手によれば, 運命と神意が働いたものである。しかし, その実はパンダラスの計画の一環にあり, かくしてトロイラスは目的を達成できたのである。待機していたトロイラスは, ホラステに彼女が色目を使ったという口実で, 彼女の寝室に案内される。トロイラスの恋の悩みの告白の後, クリセイデは葛藤するものの, 彼に慈愛を示す。その際, 次のように宗教の言語(「慈愛のある」,「恩寵」,「善行」)を用い自己正当化を試みている。

> This accident so pitous was to here,
> And ek so like a sooth at prime face,
> And Troilus hire knyght to hir so deere,
> His prive comyng, and the siker place,
> That though that she did hym as thanne a grace,
> Considered alle thynges as they stoode,
> No wonder is, syn she did al for goode. (Tr 3.918-24)

(今度の事は, 聞くからに大変いたわしいことでもあり, またちょっと聞いただけでは, 全くまことしやかに思われました。そして, トゥローイラスは, 自分にとっては, 全くいとしい人であり, 彼は人目を忍んで来るのであり, 叔父の家なら安全だというわけで, あらゆる事情を考慮すれば, クリセイデがその時彼に同情を寄せたにしても, それは全く善意でしたことでもあり, 何等怪しむに足りません。)

クリセイデは罠にはめられてもその状況に逆らず, 柔軟に切り抜けている。とは言え,「人が見ていなければ, 安全」というのは, いささか強引な正当化である。

　パンダラスはぐずぐずしているトロイラスの服をはぎ取り, 彼女のいるベッドに押し込む。最も狭いところ, ベッドで

本物語の最大のクライマックスが達成される。以下の引用の最初は、ぐずぐずしているトロイラスの内面を、2番目と3番目の描写は手っ取り早いパンダラスの機動力を表している。

> "Yet, blisful Venus, this nyght thow me enspire,"
> Quod Troilus, "As wys as I the serve,
> And evere bet and bet shal, til I sterve. ……
>
> "O Jove ek, for the love of faire Europe,
> The which in forme of bole awey thow fette,
> Now help! O Mars, thow with thi blody cope,
> For love of Cipris, thow me nought ne lette!
> O Phebus, thynk whan Dane hireselven shette
> Under the bark, and laurer wax for drede;
> Yet for hire love, O help now at this nede!
>
> "Mercurie, for the love of Hierse eke,
> For which Pallas was with Aglawros wroth,
> Now help! And ek Diane, I the biseke
> That this viage be nought to the looth!
> O fatal sustren which, er any cloth
> Me shapen was, my destine me sponne,
> So helpeth to this werk that is bygonne!" (Tr 3.712 -35)

(幸福の女神ヴィーナスよ、わたくしが今あなたにお仕えし、今後も死ぬまで、ますます敬虔にお仕えする積もりでいますのと同じくらい確実に、今夜わたしに元気をお授け下さい。…ああ、ジョーヴよ、あなたもまた、お助け下さい、牡牛の姿に身を変えて、あなたが連れ去り給うた美しいユローパの愛にかけて。ああ、血染めの外套を纏ったマーズよ、シプリスの愛にかけて、わたくしを妨げ給わないように、ああ、フィーバスよ、ダフニが樹皮の下に身を隠し、恐怖のために月桂樹に身を変えた時のことを思い出して下さい、そうして、そのダフニの愛にかけて、いま、窮地にあるわたくしをお助け下さい。また、

マーキュリーよ、ハーシーに味方して、パラスがアグラウロースに対して怒ったという、あのハーシーの愛にかけて、今わたくしをお助け下さい。それにまた、ダイアナよ、わたくしの今の試みが、あなたのお気持ちをそこないませんように。ああ、わたくしの産衣がつくられる前に、わたくしの運命を織り給うた運命の女神たちよ、今はじめられたわたくしの仕事に、お力お与え下さい。)

> Quod Pandarus, "Thow wrecched mouses herte,
> Artow agast so that she wol the bite?
> Wy! Don this furred cloke upon thy sherte,
> And folwe me, for I wol have the wite.
> But bid, and lat me gon biforn a lite."
> And with that word he gan undon a trappe,
> And Troilus he brought in by the lappe. (Tr 3.736-42)

(「これはまたお気の毒なこと、鼠のようにびくびくんなさるんじゃありませんか。あの女が噛みつくとでもお思いなのですか。さあ、この毛皮の外套を、シャツの上にお召しになって、ぼくについて来て下さい、叱られ役はぼくが引受けますから。いや、ちょっとお待ち下さい、ぼくが一足先に立っていくことにしましょう。」こう言いながらパンダラスは落とし戸を明け、トゥローイラスの衣服の端を取って導きいれました。)

> "O nece, pes, or we be lost!" quod he,
> "Beth naught agast!" But certeyn, at the laste,
> For this or that, he into bed hym caste,
> And seyde, "O thef, is this a mannes herte?"
> And of he rente al to his bare sherte, (Tr 3.1095-9)

(「クリセイデ、静かに！声を立てたら万事休すだよ。驚くことはないんだ。」けれども、実際、最後に彼は、遮二無二トゥローイラスをベッドの中に押し込んで叫びました、「この野郎、これが男の意気地なのか。」シャツもあらわになるほど、彼の衣服全部を剥ぎ取りながら、更に叫びました)

以上,『トロイラスとクリセイデ』において, 祝宴に罠が仕掛けられ, クリセイデがいかにトロイラスと合体に至るかを跡づけた。パンダラスが仕掛けた祝宴と罠は, 軍事的には勇気のあるものの, こと個人の恋愛になるとおっくうで動けないトロイラスを揺り動かすことに効果的である。クリセイデに対しては, 宮廷貴婦人としての名誉に敏感であることに配慮し, パンダラスは外圧(大雨)を彼女に仕掛け, 彼女の判断が関与しないようにしている。とは言え, 彼女は自ら進んで罠にかかっていった節もあるので, ここでの祝宴と罠の関係は微妙である。

5.『ガウェイン卿と緑の騎士』と『トロイラスとクリセイデ』の比較

以上のことから判断すると,『ガウェイン卿と緑の騎士』と『トロイラスとクリセイデ』の視点は, 階層的に設定されている。

(1) 視点の階層性

『ガウェイン卿と緑の騎士』の視点は, 下記のように階層的である。

　　モルガン・ラ・フェイ ［ベルティラック ［緑の騎士 ［奥方 ［ガウェイン］］］］

他方,『トロイラスとクリセイデ』の視点の階層性は, 次の通りである。

　　パンダラス ［運命・神意 ［トロイラス ［クリセイデ］］］

祝宴と罠の問題は，二人の詩人，2つの違った作品において，このように共に視点の階層化を導き，まるで謎解きゲームのような高度な遊び，一つのアートを実現している。

(2) 比較検討

	『ガウェイン卿と緑の騎士』	『トロイラスとクリセイデ』
誰が誰を：仕掛け人 挑戦を煽られる人 誘惑される人	モルガン・ラ・フェイ ベルティラック 緑の騎士 ベルティラック夫人 ガウェイン	パンダラス トロイラス（パンダラスの援助を得て） クリセイデ（彼女の予測の範囲のこと？）
時：宗教的な祝祭日 神意の働いた運命づけられた日	クリスマス	運命・神意・嵐
場所：城，館，寝室	ベルティラックの邸，寝室	パンダラスの家，寝室，ベッド
祝宴	クリスマス	夕食会
結果	ガウェインは緑の帯は別として奥方の誘いを退ける。ガウェインは挑戦を受ける（緑の帯のことを黙っていたために，軽い傷が首につけられる。）ガウェインは自己の人間的弱さを発見する。	クリセイデはベッドにトロイラスを受け入れる。

違った詩人，違った作品も，祝宴と罠の使用において，パラレルな要素を有している。祝宴と罠は別々のものではなく，いかにセットされたものであるかが読み取られる。

6. チョーサーの他作品,『カンタベリー物語』に見る祝宴と罠

『カンタベリー物語』において, 祝宴と罠のモチーフは, 下記に示すように繰り返し導入されている。

(1)「**召喚吏の話**」: 酒を飲み, 自分は酔っていないことを証明するために, 自分の子供を射殺す。

(2)「**法律家の話**」: アラ王の使いものが王の母親に酒を飲まされ, だまされる。(ねたみ, 復讐, だまし)

(3)「**商人の話**」: 若い妻を娶った老騎士(ジャニュアリ)は, 酒(精力剤)で精力をアップさせようと努力する。しかし彼は幻影を見るだけで, 益々真偽が見えなくなり, 物理的にも盲目になる。若妻(メイ)に裏切られる。

(4)「**近習の話**」: モンゴルの王の誕生日の酒宴でのこと, 騎士が突如現れ, 不思議な力をもった馬, 不思議な幻をみることができる鏡, そして鳥と話すことができる指輪を示す。カナセ姫は指輪を使って, 鳥(女性)と話し, 彼女が男性に裏切られたことを知る。彼女に同情し, 慈愛の心を示す。(東の国, ロマンス, 不思議, 冒険)。騎士のプレゼントは, 罠ではないが, 非日常的で不可思議な世界にカナセ姫を導いていく。

(5)「**トパス卿の話**」: 騎士は冒険の前に酒宴を催すが, その実冒険は進展せず, 話は中断する。酒宴の後の命をかけた厳しい闘いは表されない。(パロディ)

(6)「**メリベーの話**」: メリベーは, おいしいものを食べ

過ぎたために,その罰を受ける。娘が暴漢に傷つけられる。
(7) **「尼僧付きの僧の話」**：雄鶏のチャンテクレールは不吉な夢を見たと,妻ペルテローテに語るが,単に食べ過ぎのせいと夢をなじられる。彼が見た夢は真なのか,戯言なのか,物語は微妙な展開をする。
(8) **「牧師の話」**：食べ過ぎ・飲み過ぎは7大罪の一つ（暴食）である。

『カンタベリー物語』は,巡礼者がロンドンのタバドの宿に集まり,飲食を共にし,うち解け,そこから道中を楽しくするために行きと帰りに一人が2つずつ話をするという想定で進行する。しかし,具体的な話の内容での祝宴（飲食）に関する記述は,必ずしも人間関係を深める和気藹々としたものではなく,多分に罠と危険を潜めていることにも注意すべきである。

おわりに

祝宴は,人々が日常の憂さを忘れて互いに楽しみ,うちとけ,人間関係を深めるためにだけ催されるとは限らない。他の目的を達成するための手段ともなっている。祝宴は,人を安心させ,かくしてそこに罠を仕掛けることができる。挑戦,誘惑,人間性のテスト等が仕掛けられてもいる。この罠は祝宴の重要な一部を構成すると言ってもよいだろう。本論で扱った2作品では,それは物語の転換点に現れ,重要なモチーフないしテーマともなっている。罠を仕掛けるものと仕掛け

られるものとが微妙な緊張関係の中に置かれて, それぞれの人物の特性が巧みに引き出されている。騎士ガウェインは, 誠実さ (trawþe 'truth') をテストされ, 自分の人間的弱点に気づかされた。宮廷貴婦人であるクリセイデは, 罠という負荷が課せられることで, それへの柔軟な対応力がテストされた。彼女は外圧に逆らうことなく, しかも自分の思いを実現するといった微妙なバランス感覚を示すことができた。緑の騎士が最後に明かすモルガン・ラ・フェイから奥方までの罠（魔術）の階層性, またパンダラスの人為が運命・神意の上に立っているという視点の操作も, 祝宴と罠で顕在化する重要な特性である。

Suzanne Comte (tr. David Macrae), *Everyday Life in The Middle Ages*, Genéve: Minerva, 1978 (p.56) に拠る。

参考文献

Andrew, Malcom and Ronald Waldron. 1996. *The Poems of the Pearl Manuscript: Pearl Cleanness Patience Sir Gawain and the Green Knight.* Exeter: University of Exeter Press.

Benson, Larry D. ed. 1987. *The Riverside Chaucer: Third Edition Based on The Works of Geoffrey Chaucer Edited by F. N. Robinson.* Boston: Houghton Mifflin Company.

池上忠弘訳. 2009. 『「ガウェイン」詩人 サー・ガウェインと緑の騎士』専修大学出版局.

Karl, Stanley J. 1973. "Chaucer's *Squire's Tale* and the Decline of Chivalry." *The Chaucer Review* 7, 194-209.

Kurath, H., S. M. Kuhn, and R. E. Lewis. eds. 1952-2001. *Middle English Dictionary.* Ann Arbor: The University of Michigan Press.

クルマン, O. 1996. (土岐健治・湯川邦子訳) 『クリスマスの起源』教文館.

Lionarons, Joyce Tally. 1993. "Magic, Machines, and Deception: Technology in the *Canterbury Tales*." *The Chaucer Review* 27, 377-86.

宮田武志訳. 1979. 『イギリス中世ロマンス 王子ガウェインと緑の騎士』大手前女子学園アングロノルマン研究所.

中尾佳行. 2004. 『Chaucer の曖昧性の構造』 松柏社. ix + 451 pp.

Tolkien, J. R. R. and E. V. C. Gordon. Second Edition ed. Norman Davis. 1967. *Sir Gawain and the Green Knight*. Oxford: At the Clarendon Press.

渡邊浩司・渡邊裕美子訳. 2007. 『フィリップ・ヴォルテール 中世の祝祭 — 伝説・神話・起源』株式会社原書房.

チョーサーの酒と『カンタベリー物語』
— ワインとエールを中心に —

地 村 彰 之

0. はじめに ── ぶどう酒商のチョーサー家について

　チョーサーは裕福な葡萄酒輸入商に生まれた。物心がついたときには海外からワインを運んでくる貿易商人に取り囲まれて活気に満ちた雰囲気を味わっていたと推測される。桝井によると，「いまから六百五十年まえの，ここの上テムズ街は，葡萄酒輸入商の家石と木材でつくった三階建ての家が軒を並べていたであろう。三階の家の窓からは，清らかに流れるテムズ河がすぐ近くに望まれ，クゥイーン・ハイズの波止場がそこにあり，フランスやスペインから葡萄酒を運んできた幾艘もの円形帆船が大きな酒樽を積み下ろしていた活気にあふれる光景が眺められたのであったろう。……上テムズ街から数メートル北に入ったこの界隈に，葡萄酒商街とよばれる一角があった。」（桝井 1976 : 2-3）

　さらに，チョーサー家の食卓についても，次のように葡萄酒が日常的に嗜まれていたと指摘されている。「アグネスが家で作ったであろう料理や家の食物は何であったろう。中世の食べものは，主として肉と魚であった。肉は普通の日の主な料理であり，魚は断食の日にたべた。もちろん，パンはこ

れらの食品とともに普通に用いられた。葡萄酒商であったジェフリーの家では上等の葡萄酒が愛飲されたことであったろう。後のチョーサーは葡萄酒のきき酒もたしかな人であった。……一般にチョーサー時代の葡萄酒は，にがい種類と強い種類と甘い種類とに大別されていたようである。これらの葡萄酒はボルドーはもとよりサイプラス，シシリー，スペインその他の国々から輸入されていた。」（桝井 1976：19）

このようにチョーサーの周りに日常的に存在していた酒に関する表現が，特に『カンタベリー物語』の中でどのように使われているかについて調査する。祝宴だけではなくて，家族が一緒に食卓を囲むときも，酒は団欒の場を提供するために必要なものと考えられていたのであろう。この作品ではいろいろな場面で酒が登場し，たとえ作品のストーリーに有機的な展開をもたらさないとしても，その場面を盛り上げる役割を果たしているようである。本論では，第一節において『カンタベリー物語』「総序の詩」で扱われている酒を含めた食卓について語り手がどのように描写しているかについて述べる。第二節では，『カンタベリー物語』における酒の表現について，ワインとエールの言葉が具体的に表現されている箇所を取り上げて，その果たしている役割を考察する。第三節では，『カンタベリー物語』そのものが祝宴であり，そのもてなし役をする宿屋の主人が順に物語を語っていく人物との関係で，酒がどのような働きをしているかについて見ていきたい。

1. 『カンタベリー物語』「総序の詩」に登場する郷士（The Franklin）について

　「総序の詩」に登場する人物の中に郷士がいる。この郷士は高等弁護士の後に紹介される。つまり，彼は，1066年以後の法廷の訴訟事件や判例や法令を丸暗記するほどの秀才であった高等弁護士の仲間としてその後に描写される。高等弁護士のまだらの姿と異なって，郷士については，はっきりとした白色の特徴が直喩と隠喩によって語られる。州の知事で会計検査官をしていたと書かれているが，この人には不正があったとは思われない。医学博士と違って腹の座った人で，どうも自らの食生活については自分の健康を考えて細心の注意を払わなかったようである。彼は食道楽をたしなむことが生活信条であったようで，作者はその和やかな楽しい雰囲気を喜んでいる。

> Whit was his berd as is the dayesye;
> Of his complexioun he was sangwyn.
> Wel loved he by the morwe a sop in wyn;
> To lyven in delit was evere his wone,
> For he was Epicurus owene sone,
> That heeld opinioun that pleyn delit
> Was verray felicitee parfit.
> ....
> His breed, his ale, was alweys after oon;
> A bettre envyned man was nowher noon.
> Withoute bake mete was nevere his hous,
> Of fissh and flessh, and that so plentevous
> It snewed in his hous of mete and drynke;

Of alle deyntees that men koude thynke,
After the sondry sesons of the yeer,
So chaunged he his mete and his soper.
. . . .
An anlaas and a gipser al of silk
Heeng at his girdel, whit as morne milk. (I (A) 332-58)

（髭は雛菊のように白く，顔色は真赤でした。朝は葡萄酒にひたしたパンをとても好んでいました。愉楽の生活が習慣になっていました。彼は，完全な快楽こそ真に完全無欠の幸福なり，との意見を持したあのエピクロスの申し子といってよい方でした。この方のパンもそのビールも一様に上等のしろものでした。どこにも，これほどいい葡萄酒を倉に貯蔵している方はおりませんでした。家には魚と肉に果物，それにまた香料を入れた焼きパンがいつも備えてありましたが，それもじつにたくさん，<u>家には食べ物に飲み物，人が考えうる限りのありとあらゆるご馳走がまるで雪の降るばかりに積っておりました</u>。彼は季節の変るごとに食事のメニューをかえました。両刃の短剣や絹の財布が朝の牛乳のような白い帯皮のところにぶら下がっておりました。）（桝井迪夫訳，以下『カンタベリー物語』の訳は桝井による。また，引用文中のアンダーラインは筆者のもの。）

ローマ大学教授 Piero Boitani 氏は，2009年10月31から11月1日まで専修大学で開かれた平成21年度第5回国際公開講座「チョーサーとラングランド」において，チョーサーがダンテなどのイタリアの作家たちから受けた自然描写について講演をされた。しかし，そのときチョーサーの自然の中で雪に関する描写については説明がされなかった。しかも，雪が降るイメージとご馳走とのつながりについては述べられなかった。「<u>家には食べ物に飲み物</u>，人が考えうる限りのありとあら

ゆるご馳走が まるで雪の降るばかりに積っておりました。」における，この雪のメタファーは，イタリアの作家たちの描写には存在せず，チョーサー的なものと考えられる。サンタクロースさながら，おびただしく降る白い雪のごとくみんなにご馳走を振舞う郷士の姿は，新鮮なイメージを提供してくれる。以上，ここでの "mete and drynk" は，文字通り「食べ物と飲み物」であると解釈でき，当然祝宴にはつきものである。

『オックスフォード英語辞典』(*OED*) における "mete and drynk" について見る。"1. a. Food in general; anything used as nourishment for men or animals; usually, solid food, in contradistinction to *drink*. Now *arch*. and *dial*." と説明されているように，今日の英語に存在している "meat" はもともと人間や動物が食べる食物一般を意味し，"drink" のような液状の食べ物ではなくて固形の食べ物を意味していた。

まず，"meat" が食物一般を意味する最初の用例は，古期英語時代のベーダ『英国民協会史』から引用されている。中期英語に入ってからもよく使われ，後期にはチョーサーと同時代に生きたウイックリフからの用例（1380年頃）があげられている。腐っていく肉体を蛆虫の "mete"（食べもの）と説明している。近代英語においても継続して使われ，近代英語後期に入るとジョンソン博士からの用例（1775年）があげられている。馬たちが一日中休息や "meat"（食べもの）なしで旅を続けることができないと説明を受けたという内容である。19世紀では詩人シェリーの用例やスティーヴンソンの

例を取り上げている。この "meat" は,「一般の食物」から意味が徐々に狭くなって「食べものの中で食肉」に限られるようになっていくが, 一般的な食べものという意味の "meat" は20世紀初めまで使われていたようである。

そして, 二つの語がワードペアーとして "and" を挟んで対に使われることが多かった。それが "b. *fig.* in various applications. (Also in many passages of the Bible, e.g. John iv. 32, 34, 1 Cor. iii. 2, Heb. v. 12, and in allusions to these.) to be meat and drink to (a person): to be a source of intense enjoyment to." のように,「心からうれしいと思うこと」のような比喩的な意味として使用されるようになった。"meat and drink" の比喩的意味は13世紀ごろから用いられている。特に英語の聖書に多く使われ, 19世紀まで用例が見られるので, 息の長い表現であることが分かる。聖書を中心によく使われる表現ということは, 人々の心の奥底に定着したものといっても過言ではない。(次にチョーサーが使っている用例をあげるが, 聖書の例はその後に参考として取り上げる。)

チョーサーにおける "meat and drink" では, 聖書と違って文字通りに近い用法で用いられている。ただし, 比喩的に使われる慣用句的表現を十分に予期させるものである。つまり, チョーサーのような言葉を楽しむ作家はいつも言葉を有機的に利用する才能を持っている。

> And mete and drynke this nyght wol I brynge
> Ynough for thee, and clothes for thy beddynge. (I (A)

1615-16)
(今夜は食物，飲み物をお前に十分なだけ持って来てやる。またお前に十分な寝具を持って来てやろう。)

上の引用文は，「騎士の物語」においてアルシーテがパラモンに対して言うせりふである。ここでは "meat and drink" は文字通り「食物，飲み物」を意味している。

This Nicholas no lenger wolde tarie,
But dooth ful softe unto his chamber carie
Bothe mete and drynke for a day or tweye, (I (A) 3408-11)
(そしてすぐに，これ以上言うまでもなく，ニコラスはもはやそれ以上待とうともせずに，こっそりと彼の部屋に一，二日分の食糧や飲み水を運び込みます。)

この引用文は，「粉屋の話」において大工の妻アリスンと関係を結ぶニコラスが部屋に閉じこもるときに，"mete and drynke"（食糧や飲み水）を持ち込む場面である。ここでも文字通りの意味で使われている。

But specially I pray thee, hooste deere,
Get us som mete and drynke, and make us cheere,
And we wil payen trewely ate fulle. (I (A) 4131-33)
(だが，特にお願いだが，親愛なる宿のご主人，何か食べ物と飲み物を持ってきてわれわれを元気にしてくれませんかね。僕らはほんとに全部払うから。)

これは，「家扶の話」においてケンブリッジ大学の学生アランとジョンが粉屋に一晩泊めてもらうことをお願いしている場面で，文字通り "mete and drynke"（食べ物と飲み物）を

求めるせりふである。このように, チョーサーの英語では一般的な意味合いで使われていることが分かる。

以下に, 聖書において使われている "meat and drink" についてあげる。この表現がどれほど深く英語の中に浸透しているかについて理解することができる。

聖書における "meat and drink" の比喩的意味は 13 世紀ごろから用いられている。19 世紀まで用例が見られるので, 息の長い表現であることが分かる。それは英語の聖書にも使われていて, 次のように用例を見出すことができる。

1604 年 James I の支持を得て, 1611 年に完成された King James' Bible は『欽定英訳聖書』(Authorised Version) と呼ばれる。実質的には『ティンダル訳聖書』(1525-30) に基づいていると言われる。そこに "meat and drink" が使われている。それが, 20 世紀の後半に英米で同時に翻訳された聖書では, "food and drink" と "eating and drinking" のように, 慣用句を用いず現代の英語に合わせた訳語になっている。"meat" を新訳で使えば意味を取り間違える可能性もあると考えられたのかもしれない。

1611 Authorised Version:
For the kingdome of God not <u>meat and drinke</u>; but righteousness, and peace, and ioy in the holy Ghost. (Rom 14: 17)

1989 New Revised Standard Version;
For the kingdom of God is not <u>food and drink</u> but righteousness and peace and joy in the Holy Spirit. (Rom 14: 17)

1989 The Revised English Bible
For the kingdom of God is not eating and drinking, but justice, peace, and joy, inspired but the Holy Spirit. (Rom 14; 17)

(『聖書新改訳』(2009) なぜなら，神の国は飲み食いのことではなく，義と平和と聖霊によるよろこびだからです。)

このように，聖書では隠喩的な意味を示す "meat and drink" が慣用的に使われていたが，20世紀後半の新訳ではそのままその表現が継承されず現代にふさわしい語に訳され，それがメタファーとなっている。

2.『カンタベリー物語』における酒の表現について

(1) ワイン

酒の中でワインはもちろんチョーサーにとって身近な存在であったと思われる。第三節で作品内容とワインの関係について述べるので，ここではワインと関係している語を取り上げる。「貿易商人の話」において，若いメイと結婚したジャニュアリィが酒を強壮剤として使う場面がある。ここでは "wyn" ではなくて "clarree" が用いられている。

> Soone after that, this hastif Januarie
> Wolde go to bedde; he wolde no lenger tarye.
> He drynketh ypocras, clarree, and vernage
> Of spices hoote t'encreessen his corage;
> ....
> Men drynken and the travers drawe anon.
> ....
> Thus laboureth he til that the day gan dawe;

And thane he taketh a sop in fyn clarree, (IV (E) 1805-43)
(それからまもなくして，はやる心のこのジャニュアリィはもはや待とうともせず，寝床に行こうと思いました。彼は気力を増さんものと強壮剤，香料入りの葡萄酒，熱い香料の入った白葡萄酒を飲みます。……酒が飲まれ，カーテンが引かれました。……このようにして，彼は朝になるまで精を出して勤めます。それから上等の香料入り白葡萄酒にパンを浸して食べます。)

『オックスフォード英語辞典』によると，"claret"は，もともとフランス語の"win clairet"のように，黄色がかった薄い赤色のワインで赤ワインや白ワインと区別された。1600年以後はその区別も無くなり，以後もっぱら一般的に赤ワインのことを表すようになった。今ではボルドーから輸入された赤ワインに対して使われるようになった。このワインは引用文によると，老人のための精力剤としてのすぐれた効果を持っていたようである。

(2) エール

酒を表す表現の中で"ale"という言葉はよく使われる。その当時の庶民にとって身近なところに存在していたものである。今日のように食事の時にはつきものであった。

His breed, his ale, was alweys after oon;
A bettre envyned man was nowher noon. (I (A) 341-42)
(この方のパンもそのビールも一様に上等のしろものでした。どこにも，これほどいい葡萄酒を倉に貯蔵している方はおりませんでした。)

これは第一節の最初に引用した例に含まれているところで，

エピキュリアンの申し子とも言うべき郷士が上等のパンとビールをこよなく愛したと書かれているところである。

> A COOK they hadde with hem for the nones
> To boille the chiknes with the marybones,
> And poudre-marchant tart and galyngale.
> Wel koude he knowe a draughte of Londoun ale. (I (A) 379-82)
> (料理人をその折，彼らは連れておりました。鶏を髄骨もろとも，すっぱい味の香料や肉桂といっしょに煮るためでした。この料理人はロンドン・ビールを一飲みで利き酒をするのがとても上手でした。)

このように「序の詩」で紹介される料理人は "Londoun ale" の呑み助であると紹介される。利き酒が得意な料理人は，宿屋の主人が行う宴会において料理を提供する役目を果たすといってもよい。巡礼の旅をして楽しい物語をする人たちに潤いを与える食べものと飲み物を供する。

> If even-song and morwe-song accorde,
> Lat se now who shal telle the firste tale.
> As evere mote I drynke wyn or ale,
> Whoso be rebel to my juggement
> Shal paye for al that by the wey is spent. (I (A) 830-34)
> (もし夕べの歌と朝の歌とが一致するものなら，さて誰が第一番にお話をなさるかみるといたしましょう。いやさ，手前が酒やビールを飲みたいように確かに，誰でもわたしの審判に逆らう人がありゃあ，その人に途中の費用の一切を払ってもらいますぞ。)

「序の詩」の最後のところで「騎士の物語」の直前の場面である。ここでは，誓詞表現の中で使われるワインとエールと

いう言葉である。これらは，庶民によって日常的な言葉の中で使われている。このことから，エールはよく飲まれたものであり，庶民に身近なものであったと考えられる。

> And swoor, "By armes, and by blood and bones,
> I kan a noble tale for the nones,
> With which I wol now quite the Knyghtes tale."
> Oure Hooste saugh that he was dronke of ale,
> And seyde, "Abyd, Robyn, my leeve brother;
> Som bettre man shal telle us first another. (I (A) 3125-30)
> (誓言まじりで言いました，「キリスト様の両腕にかけて，血と骨にかけて，あっしは騎士殿の話に負けないような気高え話をちゃんと知ってまさ」。わが宿の主人はビールで酔っぱらっているのをみてとって言いました。「わが愛する兄弟ロビンよ，ちょっと待った。どうだ，誰かもっといい人に初めにはなしてもらおうか。)

「騎士の物語」の後，「粉屋の話」が語られる直前の場面である。騎士の話に負けないような立派な話をすると豪語する粉屋であるが，"ale" の効果が出ているようである。ここでは，"tale" と "ale" の二行連句が作り出す心地よい音の響きと酒の効果とが繋がっているようで，宴会と物語との関係を考えさせてくれる好例といえる。

> "Now herkneth," quod the Millere, "alle and some!
> But first I make a protestacioun
> That I am dronke; I knowe it by my soun.
> And therfore if that I mysspeke or seye,
> Wyte it the ale of Southwerk, I you preye.
> For I wol telle a legende and a lyf
> Bothe of a carpenter and of his wyf,

How that a clerk hath set the wrightes cappe." (I (A) 3136-43)

(「さて皆様,お聞きくだされ」と粉屋は言いました。「まず,あっしは酒に酔っているということをはっきり申し上げましょ。そりゃ,あっしの声音でわかりまさあ。そこであっしが間違いを話したり,言ったりするもんなら,このサザークの宿の酒のせいにして下せえ。お願いでさあ。ところで,大工とその細君の両方の生涯の話をいたすとしやしょう。ある学僧が大工をさんざんととっちめたちゅうはなしでさあ」)

前例と同じ,粉屋のスピーチである。自らが酔っぱらっていることを公言し,自分が間違った話なんぞをすれば,宿屋の主人が出してくれた酒のせいにしてよいというぐらいだから,粉屋は自信満々である。酒の話を出せば,主人も話を続けさせてくれることを読んでいたのであろう。宿屋の主人の酒をうまく利用している。

He waketh al the nyght and al the day;
He kembeth his lokkes brode, and made hym gay;
He woweth hire by meenes and brocage,
And swoor he wolde been hir owene page;
He syngeth, brokkynge as a nyghtyngale;
He sente hire pyment, meeth, and spiced ale,
And wafres, pipyng hoot out of the gleede; (I (A) 3373-82)

(彼 [=アブサロン] は夜も昼も四六時中,目をさましているのです。大きな巻き毛の束を梳って,派手な格好に見せました。彼は仲介や代理などを使って彼女に求婚し,彼女じきじきの小姓になりましょうと誓いもしました。彼は小夜鳴鳥のように声を震わせながら歌います。彼女のもとに香料入りの酒だの,蜂蜜酒だの,香料入りのビールだの,それに焼きたてあつあつの軽焼き煎餅なども送ってやりました。)

「粉屋の話」に登場するアブサロンは, 好きなアリスンには相手にされないのであるが, いろいろな手管を使って彼女の心を捕まえようとする。彼女へのプレゼントの中に,「香料入りの酒」「香料入りのビール」が含まれている。

> This Nicholas answerde, "Fecche me drynke,
> And after wol I speke in pryvetee
> Of certeyn thing that toucheth me and thee,
> I wol telle it noon oother man, certeyn,"
> This carpenter goth doun, and comth ageyn,
> And broghte of myghty ale a large quart;
> And whan that ech of hem had dronke his part,
> This Nicholas his dore faste shette,
> And doun the carpenter by hym he sette. (I (A) 3492-500)

(ニコラスは答えて言いました。「わたしに飲み物をもって来てくれ。それからわたしは内々でわたしとお前さんにかかわるあることを話すとしよう。わたしはそれをほかの誰にも話しはしないぞ, 断じて」大工は下へ降りて, また上がってくると, 強いビールをたくさん持って来ました。それぞれ自分のビールを飲みに終った時に, ニコラスはドアをしっかりと閉めて大工を側に坐らせました。)

前例と同じく「粉屋の話」である。ニコラスが大工に飲み物を持ってきてくれと言うと, 大工がたくさんの「強いビール」を持ってきたのである。飲み物が物事をする前の準備の段階で必要なものとして効果的な役割を果たす。

> His owene hand he made laddres thre,
> To clymben by the ronges and the stalkes
> Unto the tubbes hangynge in the balkes,
> And hem vitailled, bothe trogh and tubbe,

With breed, and chese, and good ale in a jubbe,
Suffisynge right ynogh as for a day. (I (A) 3624-29)
（梁にかかっている桶に，段をつたって登って行くのに便利な
梯子を三つ，自分の手で作りました。そしてこね鉢や桶の両方
にパンとチーズの食糧を積みこみ，それに良いビールをびん
に入れました。それらは一日分がとこたっぷりありました。）

これも「粉屋の話」。ニコラスに言われたでっちあげのノア
の洪水に備えて，用意周到な準備をする大工である。桶の中
には食料とともに「良いビール」が積み込まれる。必ず食べ
ものにはビールがつきものである。

This carpenter out of his slomber sterte,
And herde oon crien "water!" as he were wood,
And thoughte, "Allas, now comth Nowelis flood!"
He sit hym up withouten wordes mo,
And with his ax he smoot the corde atwo,
And doun gooth al; he foond neither to selle,
Ne breed ne ale, til he cam to the celle
Upon the floor, and ther aswowne he lay. (I (A) 3816-23)
（かの大工は眠りからはっとさめて，誰かが「水だ」と気が
違ったようになって叫ぶのを聞きました。「ああ，さてこそ今，
ノアの洪水が来たぞ」と彼は思いました。彼はそれ以上もの
も言わずにすぐに坐りなおして斧で綱を真っ二つに切りまし
た。桶も何もかもすべてがさっと下の方に落ちてゆきます。彼
はパンやビールを売りに出すいとまもあらばこそ，とまらず
に地べたの床板にどすんと落ちて気絶してしまいました。）

「粉屋の話」の最後である。桶もろとも真っ逆さまに地べた
に落ちていく場面である。たくさん桶の中に仕入れこんだ
パンやビールを，その途中寄り道をして売りに出す暇もな

いぐらいに，あっという間に床の上に落下すると読むことができる。ユーモラスな場面でパンとビールの表現が使われている。

> This millere into toun his doghter sende
> For ale and breed, and rosted hem a goos,
> And boond hire hors, it sholde namoore go loos,
> And in his owene chambre hem made a bed,
> With sheetes and with chalons faire yspred
> Noght from his owene bed ten foot or twelve.
> His doghter hadde a bed, al by hirselve,
> Right in the same chambre by and by.
> It myghte be no bet, and cause why?
> Ther was no roumer herberwe in the place.
> They soupen and they speke, hem to solace,
> And drynken evere strong ale atte beste. (I (A) 4136-47)

(粉屋は娘を町にやってビールとパンを買って来させました。そして彼らに鵞鳥をあぶってやりました。彼は馬がもう離れないようにくくりつけました。そして自分の部屋にシーツや毛布をきれいに敷いた寝床を作ってやりました。それは自分の寝床から十フィートから十二フィートも離れていないくらいでした。彼の娘もまさに同じ部屋に，相並んで彼女の寝床を持っていましたが，こうするよりほかに手だてはなかったのです。そのわけはなぜかと申しますと，この家にはそれ以上広い部屋はなかったからです。彼らは夕食を食べたり，話をしたりして寛ぎました。そして強いビールを何度も大いに飲みました。）

虚仮にされた大工が腹を立て「家扶の話」を語り，粉屋に仕返しをする。ただし，パンとビールについては「粉屋の話」と同様，食事のときに必要なものであり，同じような効果を

もたらす。粉屋一家とケンブリッジ大学の学生たちが一緒に仲良く大酒を飲み大いにくつろぐことになる。

> This millere hath so wisely bibbed ale
> That as an hors he fnorteth in his sleep,
> Ne of his tayl bihynde he took no keep. (I (A) 4162-64)
> (粉屋ときたらビールを鯨飲したので寝ながら馬みたいに鼾をかきましたし，うしろの尻尾からでる音はてんで意に介していませんでした。)

大量のビールの飲酒は粉屋に大きな影響を与えたようである。自らが放った放屁もわからないほど，新たな造語の助けを借りれば，粉屋は爆酔状態になっていたと言える。

以上，ワインとビールは『カンタベリー物語』の登場人物たちに効果的に働いていることが分かる。ほとんどの場合，食べもの特にパンと共に必要なものであった。

3.『カンタベリー物語』における宿屋の主人の役割について

(1)「総序の詩」での主人の役割

宿屋の主人は，物語のホスト役として物語を語っていく人の順番を決めたり，物語と物語のつなぎ役を演じる人であると同時に，宴会での取りまとめ役をすることになる。次の引用文にもあるように，接待役にふさわしい人で，酒をみんなで楽しく飲むために世話をすることになる。

> Greet chiere made oure Hoost us everichon,
> And to the soper sette he us anon.
> He served us with vitaille at the beste;
> Strong was the wyn, and wel to drynke us leste.

A semely man OURE HOOSTE was withalle
For to been a marchal in an halle. (I(A) 747-52)
(わが宿の主人はわたしたちみんなを大歓迎いたしました。すぐに彼はわたしたちを夕食につかせ，わたしたちに最上のご馳走をいたしました。そうです，酒もよくきく酒でございましたし，飲むのもとても愉しゅうございました。わが宿の主人は，ことに，宴会の広間で采配をふるう接待役にもってこいの人物でした。)

"ale" が "strong" と結びつくように，"wyn" と "strong" とが共起する。よく効く酒を提供し，楽しい接待をする宿屋の主人である。

And therupon the wyn was fet anon;
We drunken, and to reste wente echon,
Withouten any lenger taryynge. (I(A) 819-21)
(すぐさま酒が運ばれてきました。わたしたちはそれを飲んでめいめい寝につきました。それ以上，ぐずぐずしないで。)

登場人物が酒を飲み，英気を養う。これは各人物がそれぞれにふさわしい物語を語っていくための準備をすることに結びつく。

As evere mote I drynke wyn or ale,
Whoso be rebel to my juggement
Shal paye for al that by the wey is spent. (I(A) 831-33)
(いやさ，手前が酒やビールを飲みたいように確かに，誰でもわたしの審判に逆らう人がありゃあ，その人に途中の費用を一切払ってもらいますぞ。)

『カンタベリー物語』を取り仕切っている宿屋の主人の面白いたとえ話が出される。主人の自然な欲求は酒やビールを飲

むことである。その主人の判定に逆らわないことが自然にカンタベリー詣でに必要な費用（もちろん飲み食いの費用がほとんであろうが）を支払わなくてもよいことになる。まさに宴会の幹事として進行役をしている人の強引な側面を感じさせる一節である。

(2) 酔っぱらった粉屋のスピーチ

酒の勢いで粉屋はライバルである大工とその妻についての話をすることになる。酒が物語の橋渡しをする。

> "By Goddes soule," quod he, "that wol nat I;
> For I wol speke or elles go my wey."
> Oure Hoost answered, "Tel on, a devel wey!
> Thou art a fool; thy wit is overcome."
> "Now herkneth," quod the Millere, "alle and some!
> But first I make a protestacioun
> That I am dronke; I knowe it by my soun.
> And therefore if that I mysspeke or seye,
> Wyte it the ale of Southwerk, I you preye.
> For I wol tell a legende and a lyf
> Bothe of a carpenter and of his wyf,
> How that a clerk hath set the wrightes cappe." (I(A) 3132-43)

（「神様の魂にかけて」と粉屋は言いました。「あっしは反対でさあ。あっしは話をするか、それともわが道を行くかでさあ」。わが宿の主人は答えました、「ええ、こいつ、悪魔の小道でも行くがいい。話すがいい。お前って奴は馬鹿な奴だ。お前の頭は酒でやられてしまっているわい」「さて皆様、お聞きくだされ」と粉屋は言いました。「まず、あっしは酒に酔っているということをはっきり申し上げましょ。そりゃ、あっしの声音でわかりまさあ。そこであっしが間違いを話したり、

言ったりするんなら，このサザークの宿の酒のせいにして下せえ。お願いでさあ。ところで，あっしは大工とその細君の両方の生涯の話をいたすとしやしょう。ある学僧が大工をさんざんとっちめたちゅう話でさあ。」)

(3) バースの女房の序と話のつなぎで，仲介する宿屋の主人のスピーチ

バースの女房の序と話の間で，托鉢僧と召喚吏が罵り合いのけんかをする。その場で宿屋の主人が間に入って喧嘩の仲裁をする。

> Oure Hooste cride "Pees! And that anon!"
> And seyde, "Lat the woman telle hire tale.
> Ye fare as folk that drunken ben of ale.
> Do, dame, telle forth youre tale, and that is best." (III (D) 850-53)
> (わが宿の主人は「静かに！さあすぐ静かに！」と叫んで言いました。「あのご婦人に話をさせなさい。あなたがたはビールに酔っぱらった人みたいにふるまっている。さ，ご婦人，話を進めて下さいな。それが一番いい」)

托鉢僧と召喚吏が実際酒を飲んでいるかどうかは別として，宿屋の主人は酒の話を出して物語の進行を考えている。酔っぱらっているから喧嘩をするという考えは，古今東西いつでもどこでも通じるものである。だから喧嘩はほどほどにして次に進めてほしいと間に入る主人が仲介役をする。酒が間を取り持つことになる。

(4) 学僧の話が終わった後の宿屋の主人の言葉

学僧の話が終わった後,口を出した宿屋の主人の愉快な言葉にエールがでてくる。

> This worthy Clerk, whan ended was his tale,
> Oure Hooste seyde, and swoor, "By Goddes bones,
> Me were levere than a barel ale
> My wyf at hoom had herd this legende ones!
> This is a gentil tale for the nones,
> As to my purpose, wiste ye my wille;
> But thing that wol nat be, lat it be stille." (IV (E) 1212a-1212g)

(この立派な学僧の物語が終った時に,宿の主人は彼に誓って言いました。「神様のお骨にかけて,樽いっぱいのビールよりもわが家の細君がこの物語を一度でいいから聞いてくれた方が,わしはよっぽどましだ!これはわしの意図にちゃんとかなった上品な話でさあ。あんたはわしの言っている意味がおわかりでしょうな。だが,ないものをねだってみても無駄というものですわい」)

字面どおりに取れば,学僧の話を聞くことと樽一杯のビールとを比較して,学僧の話がありがたいものであると述べる宿屋の主人である。逆に考えれば,宿屋の主人の細君は実際樽一杯のビールを飲むほどの大酒飲みであると考えることもできる。物語を聞かずに酒を飲んでいる連中もいる。しかし,ここでは,ないものねだりであっても,酒を飲むだけでなくて物語の進行に耳を傾けてほしいとユーモラスに語っているところは大事である。飲酒が物語に効果的に関わることを願っている宿屋の主人である。

(5)「医者の物語」が終わった後,救いを求める宿屋の主人のスピーチ

ヴィルジニウスとその娘ヴィルジニアについての聞くも哀れな話を医者が話した後,宿屋の主人は気もふれんばかりに神様に対して救いの言葉を投げかける。作りたてのエールが薬の役割を果たし,面白い話をさせるための潤滑油になるのである。

> By corpus bones! But I have treacle,
> Or elles a draughte of moyste and corny ale,
> Or but I here anon a myrie tale,
> Myn herte is lost for pitee of this mayde.
> Thou beel amy, thou Pardoner," he sayde,
> "Telle us some myrthe or japes right anon."
> "It shal be doon," quod he, "by Seint Ronyon!
> But first," quod he, "heere at this alestake
> I wol bothe drynke and eten of a cake."
> But right anon thise gentils gone to crye,
> "Nay, lat hym telle us of no ribaudye!
> Telle us som moral thing, that we may leere
> Som wit, and thane wol we gladly here."
> "I graunte, ywis," quod he, "but I moot thynke
> Upon som honest thing while that I drynke." (VI (C) 314-28)

(「……キリスト様の御体の骨にかけて,もしわたしに薬がなければ,それとも,作りたてのモルトの一杯でもなけりゃ,それとも,ここですぐにも愉快な話でも聞かなけりゃ,わたしの心はこの乙女の哀れさあまりに張り裂けそうだ。なあ,お前さん,わしのいい友達よ,免罪符売りのお前さん」と彼は言いました。「わしらに今すぐ何かおもしろい話か冗談話でも

話してくれんかの」「承知した，ローナ聖人様にかけて！」と彼は言いました。「だが，まずこれ，ここの酒屋でわしは一杯飲んでパンを一つでも食べるとしよう」だが，すぐにもそこにいる上品な人たちは大声で叫びました。「いやあ，下卑た話はやらせないでくれ。それよりか，何か知恵を学ぶことができるような，何か教訓話をしてくれ。そうすればわれわれは喜んで聞こう」「よろしい，わかりましたとも。だが飲んでいる間に，何か立派なことを考えなくちゃなりません」）

ここでは，免罪符が酒屋でちょっと一杯飲んで，飲んでいる間に立派なことを考えることができるという，酒が免罪符の頭に潤いを与える効果について語っている。脳卒中の影響であったか，物もろくに言えなかったにもかかわらず，酒を一口飲んだとたんに朗々と言葉が溢れる様に出てきたという人の話を思い出す。

(6)「メリベウスの物語」の後，その内容を褒める宿屋の主人のスピーチ

チョーサーが「メリベウスの物語」を終えた後，宿屋の主人はその内容のすばらしさを褒め称える。

"As I am faithful man,
And by that precious corpus Madrian,
I hadde levere than a barel ale
That Goodelief, my wyf, hadde herd this tale! (VII 1891-94)
(「わが信仰にかけて，また，マドリアン聖人様のやんごとないお身体にかけて，本当に，妻のゴッドリーフがこの話を聞いておったら良かったのになあ！一樽のビールをもらうよりも。……」)

学僧の話と同様，宿屋の主人の妻がこのありがたい話を聞くことの方が樽一杯のビールをもらうことよりも良いのであるが，と仮定法を使って主人が述べている。逆に言えば，主人の細君が実際は樽一杯のビールを飲むほどの大酒飲みであると考えることができる。ただここで必要なことは，おいしい酒と同じように，またそれ以上に，おいしい物語を語るだけでなくご馳走を戴くように話に耳を傾けてほしいと願う宿屋の主人である。

(7) 酔っぱらった料理人に対する宿屋の主人と賄い方のスピーチ

賄い方の話の序において，宿屋の主人はすでにぐでんぐでんに酔っぱらって睡魔に襲われ，馬の上で居眠りをしている料理人に対して，ユーモラスな言葉をかける。饗宴で酒を飲み楽しい思いをしたり，楽しい物語をするのはいいが，どうも酒のよくない側面を示してくれる。酒は百薬の長であるばあいもあれば，百毒の長にもなる。

> "Sires, what! Dun is in the myre!
> Is ther no man, for preyere ne for hyre,
> That wole awake oure felawe al bihynde?
> A theef myghte hym ful lightly robbe and bynde.
> See how he nappeth! See how, for cokes bones,
> That he wol falle fro his hors atones!
> Is that a cook of Londoun, with meschaunce?
> ....
> What eyleth thee to slepe by the morwe?
> ... or artow dronke?
> ....
> This Cook, that was ful pale and no thing reed,

チョーサーの酒と『カンタベリー物語』　169

Seyde to oure Hoost, "...
As ther is falle on me swich hevynesse,
Noot I nat why, that me were levere slepe
Than the beste gallon wyn in Chepe." (IX (H) 5-24)

(「皆さん，どうしたっていうんです！馬がぬかるみにはまったみたいに，にっちもさっちもいかなくなっちまった！義理ずくでも金ずくでも，後ろにいる仲間を醒ましてくれるような人はいないのかい。盗っ人だったら，楽々と縛り上げて物を盗ることだってできるだろうよ。ご覧，なんてまあ，ぐうぐう船を漕いでいることだろう。雄鶏の骨にかけて言うが，奴さん，今にも馬から落っこちそうだ！あれがロンドンの料理人かい。……朝だというになんでお前さんは眠りこけているのかい。……それとも飲んだくれていたんかい。……」真っ青で一点の赤みもなかったこの料理人は，わが宿の主人に言いました，「……とても重っ苦しい感じがわたしの胸におっかぶさったんで，わたしはチープサイドの最上の葡萄酒一ガロン貰うよりも，眠っている方がよっぽどましですわい」)

賄い方も同じような発言をする。

For, in good faith, thy visage is ful pale,
Thyne eyen daswen eek, as that me thynketh,
And, wel I woot, thy breeth ful soure stynketh:
That sheweth wel thou art nat wel disposed.
Of me, certeyn, thou shalt nat been yglosed.
See how he ganeth, lo, this drunken wight,
As though he wolde swolwe us anonright. (IX (H) 30-36)

(「……実のところ，あんたの顔色はひどく青ざめているし，目もまたどんよりしているように見えるし，それにあんたの息もひどく酸っぱい臭いを発散しているのがよくわかるからさ。それこそ，あんたが気分のよくない何よりの証拠だ。お前さんが，わたしからお世辞の一つももらえないのは確かだ。

なんとまあ，ご覧，この酔漢の欠伸を。まるでわれわれをたちどころに呑みこんでしまうみたいだ。）

これは巡礼に出た一行がカンタベリーへたどり着く前の状況である。宴もたけなわと言えるが，中には料理人のように酔いが回りすぎて，途中下馬しそうなものも出てきている。酒と宴席は切っても切れない関係である。饗宴の料理の世話をする料理人が深酒をして酔いつぶれているのであるから皮肉なものである。順調に皆さんの口を滑らかに動かす助けをしているときはいいが，このように一座を白けさせるような事が起りうるということも考えておかなくてはならないだろう。

4．おわりに

『カンタベリー物語』そのものが，宴会と言ってもよく，偶然集まった宴席のテーブルに着いている人たちの中で，たまたま騎士から話を始める。宿屋の主人から酒を注いでもらいながら，陽気に楽しい話をする人もいるし，怒りっぽくなって陰険な話をする人もいる。宴会も終わりに近づくと，つまりカンタベリーを目の前にすると，酔っ払いすぎて馬から落ちそうな人も出てくる。このように，酒は宿屋の主人と同様に『カンタベリー物語』の仲介をするものである。

そして，深酒した後にやって来る二日酔いとともに，後味の良くない内省の時間が常に訪れるように，この物語の最後に取り消しの言葉が語られる。これはチョーサーという語り手によって真摯に述べられる。チョーサーは宿屋の主人とい

う幹事役を作り上げて，それぞれの人物が語る物語の世話役をさせたのである。宿屋の主人の助けを借りながら，様々な人物に様々な物語を語らせてきたことに対して，締めくくりの言葉として，チョーサーは神の目の前で謝罪をする。これはお騒がせした宴席での物語に対する聴衆の皆さんへのお断りの言葉として締めになる。ここで『カンタベリー物語』はめでたくお開きを迎えた。

主要参考文献

Benson, L. D., ed. (1987) *The Riverside Chaucer*, 3rd ed. Boston: Houghton Mifflin.

Blake, N. F., ed. (1980) *The Canterbury Tales: Edited from the Hengwrt Manuscript*. London: Edward Arnold.

Brewer, D. S. and L. E. Brewer. eds. (1971) *Troilus and Criseyde* (abridged). London: Routledge and Kegan Paul.

Cooper, H. (1989, 1996^2) *The Canterbury Tales* [Oxford Guide to Chaucer]. Oxford: OUP.

Correale, R. M. and M. Hamel. (2002) *Sources and Analogues of the Canterbury Tales*. Cambridge, D.S.Brewer.

Davis, N. (1974) "Chaucer and Fourteenth-Century English," *Writers and Their Background: Geoffrey Chaucer*, edited by D.Brewer. London: G.Bells and Sons.

Davis, N., Gray, D., Ingham, P., Wallace-Hadrill, A. (1979) *A Chaucer Glossary.* London: Oxford University Press.

Donaldson, E. T. ed. (1958) *Chaucer's Poetry: An Anthology for the Modern Reader.* New York: The Ronald Press.

Elliott, R. W. V. (1974) *Chaucer's English.* London: André Deutsch.

福井洋子 (1984) 「カンタベリー物語に於ける飲食の扱いについて」『大谷女子短期大学紀要』第 27 号, 247-65 頁.

Jimura, A. (2005) *Studies in Chaucer's Words and his Narratives.* Hiroshima: Keisuisha.

地村彰之 (2003) 「チョーサーと格言的表現―複眼的思考の一考察―」原野昇・水田英実・山代宏道・地村彰之・四反田想・大野英志著『中世ヨーロッパと多文化共生』広島：渓水社, 71-109 頁.

Masui, M. (1962, 1973) *Studies in Chaucer* (in Japanese). Tokyo: Kenkyusha.

桝井迪夫 (1976) 『チョーサーの世界』東京：岩波書店.

Masui, M. (1988) *Studies in Chaucer's Language of Feeling.* Tokyo:Kinseido.

桝井迪夫訳 (1995)『完訳カンタベリー物語』東京：岩波書店.

御輿員三 (1959, 1975)『キャンタベリー物語序歌訳解―二十六の群像―』東京：南雲堂.

笹本長敬訳 (2002), チョーサー作『カンタベリー物語（全訳）』東京：英宝社.

Windeatt, B.A., ed. (1984) *Troilus and Criseyde: A new edition of 'The Book of Troilus'*. London and New York: Longman.

あとがき

　シリーズ第10集として「中世ヨーロッパの祝宴」を刊行することができた。「祝宴」という題名は、じつは、シリーズの打ち上げをするのにふさわしいテーマを選んだことから来ている。

　刊行までのプロセスは従前通りである。前々年度に決めたテーマに沿って、前年度の春からヨーロッパ中世研究会の例会で、各自が得意とする分野での研究成果の見通しをつけ、輪番で成果を発表し、コメントの応酬を重ねたうえで、11月には同じテーマで公開シンポジウムを開催して、それまでの研究成果を公表し、参加者諸賢の批判を仰いで研究のいっそうの進捗を図った。多くの有意義な指摘を得ることができたことに謝意を表したい。

　シンポジウムでの発表をもとにして、内容を吟味し改訂して、論集としてまとめたものが本書である。第1集は「中世ヨーロッパに見る異文化接触」、第2集は「中世ヨーロッパ文化における多元性」であった。以来、表現を変えながらも「多元性」という共通テーマに取り組み続けて来たということができる。

　問題関心も研究手法も違うヨーロッパ中世研究会のメン

バーによる共同研究であった。しかし、とにかく「すずと、小鳥と、それからわたし、みんなちがって、みんないい」（金子みすゞ「わたしと小鳥とすずと」）ことが幸いして、打ち上げを迎えるにいたった。ただし、至らぬところを多々残していることは、十分に自覚している。

2010 年 9 月

水田 英実
山代 宏道
中尾 佳行
地村 彰之
原野　昇

Feasts in Medieval Europe

CONTENTS

Preface	1
Bayeux Tapestry and Feasts: Co-acting Varieties ...... YAMASHIRO *Hiromichi* ...	9
Feasts in Festivals: Holy Mass .... MIZUTA *Hidemi* ...	46
Feasts in Medieval French Literature: How the Banquet Scenes Function in the Works .... HARANO *Noboru* ...	82
Feasts and Traps in the *Gawain*-poet and Chaucer .... *Yoshiyuki* NAKAO ...	116
Chaucer's Alcoholic Drink and *The Canterbury Tales*: With Particular Reference to Wine and Ale .... *Akiyuki* JIMURA ...	145
Postscript	174
Contents	176
Contributors	177

著者紹介

水田 英実 1946年生
京都大学大学院文学研究科博士課程単位取得退学,博士(文学)
放送大学客員教授,広島大学名誉教授
『トマス・アクィナスの知性論』創文社, 1998;「『分析論後書注解』におけるトマス・アクィナスの知識論 (3) ―*Expositio Libri Posteriorum*, lib.1, lect.3 による」『比較論理学研究』4, 2007;『哲学の歴史 3』(中川純男編・共著)中央公論新社, 2008;「「水草の上の物語」に見る寓意―本居宣長による漢意批判の二面性―」『比較日本文化学研究』3, 2010.

山代 宏道 1946年生
広島大学大学院文学研究科博士課程単位取得退学,博士(文学)
広島大学名誉教授
『ノルマン征服と中世イングランド教会』渓水社, 1996;『危機をめぐる歴史学-西洋史の事例研究-』(編著)刀水書房, 2002;「中世イングランド司教の統治戦略――ハーバート=ロシンガを中心に―」『広島大学大学院文学研究科論集』66, 2006; デイヴィッド・ロラソン、山代宏道訳「ダラム司教座教会――ノルマン征服前後の北部イングランド修道院共同体とその都市―」『西洋史学報』36, 2009.

中尾 佳行 1950年生
広島大学大学院博士課程後期単位取得退学,博士(比較社会文化)
広島大学大学院教育学研究科教授
A New Concordance to 'The Canterbury Tales' Based on Blake's Text Edited from the Hengwrt Manuscript (共編著)大学教育出版, 1994; "A Semantic Note on the Middle English Phrase As He/She That." *NOWELE* 25, Denmark, 1995; "The Semantics of Chaucer's Moot/Moste and Shal/Sholde." *English Corpus Linguistics in Japan*, Amsterdam-New York: Rodopi, 2002;『Chaucerの曖昧性の構造』松柏社, 2004.

地村 彰之 1952年生
広島大学大学院文学研究科博士課程後期中退,博士(文学)
広島大学大学院文学研究科教授
"An Introduction to a Textual Comparison of *Troilus and Criseyde*," *Essays on Old, Middle, Modern English and Old Icelandic*, New York: The Edwin Mellen Press, 2000; *A Comprehensive Textual Comparison of Chaucer's Dream Poetry* (共編著)大学教育出版, 2002; *Studies in Chaucer's Words and his Narratives*, 渓水社, 2005.

原野 昇 1943年生
広島大学大学院文学研究科博士課程中退,パリ大学文学博士(DL)
放送大学客員教授,広島大学名誉教授
ピエール=イヴ・バデル著『フランス中世の文学生活』白水社, 1993; ジャック・リバール著『中世の象徴と文学』青山社, 2000;『狐物語』(共訳)岩波文庫, 2002; *Le Roman de Renart*, Paris, Livre de Poche (共著), 2005;『フランス中世文学を学ぶ人のために』(編著)世界思想社, 2007;『芸術のトポス』(共著)岩波書店, 2009.

著　者

水田　英実（みずた　ひでみ）
山代　宏道（やましろ　ひろみち）
中尾　佳行（なかお　よしゆき）
地村　彰之（ぢむら　あきゆき）
原野　　昇（はらの　のぼる）

中世ヨーロッパの祝宴

平成 22 年 9 月 15 日　発行

著　者　水田　英実
　　　　山代　宏道
　　　　中尾　佳行
　　　　地村　彰之
　　　　原野　　昇
発行所　株式会社　溪水社
　　　　広島市中区小町 1 － 4 　（〒 730-0041）
　　　　電　話 (082) 246-7909
　　　　ＦＡＸ (082) 246-7876
　　　　E-mail: info@keisui.co.jp

ISBN978-4-86327-115-9　C3022

═既 刊 本═

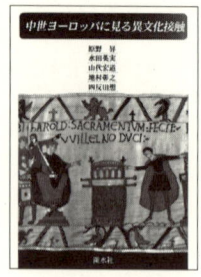

中世ヨーロッパに見る異文化接触
四六判 222 頁 2000 年 9 月刊 本体 2500 円＋税

『ロランの歌』に見る異文化	原野　昇
十字軍のもたらしたもの	水田英実
ノルマン征服と異文化接触	山代宏道
チョーサーの英語に見る異文化	地村彰之
ドイツ中世に見られる世界のイメージ ―『博物学者』と『世界年代記』を中心に―	四反田想

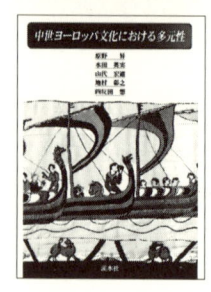

中世ヨーロッパ文化における多元性
四六判 176 頁 2002 年 8 月刊 本体 2000 円＋税

バイユー＝タペストリーにみる文化的多元性	山代宏道
フランス中世文学にみる多元性 ―『オーカッサンとニコレット』再読―	原野　昇
チョーサーの英語における多元性	地村彰之
古代北欧文学と中世ドイツ文学におけるゲルマン的要素とキリスト教的要素の関係性	四反田想
中世ヨーロッパの多元的理解は可能か ―宗教的多元論の成立可能性―	水田英実

中世ヨーロッパと多文化共生　〔品切〕
四六判 210 頁 2003 年 10 月刊 本体 2200 円＋税

中世イングランドの多文化共生 ―「グローバリズム」と「ローカリズム」―	山代宏道
チョーサーにおける語彙論的多元性 ―「心」に関する語彙に限定して―	大野英志
チョーサーと格言的表現 ―複眼的思考の一考察―	地村彰之
古高ドイツ語の宗教的語彙における多文化共生 ―古高ドイツ語へのゴート語・古アイルランド語・アングロ＝サクソン語の影響関係―	四反田想
フランス中世文学にみる騎士像 ―多文化共生の視点から―	原野　昇
多文化共生の観点からみた西欧中世の宗教理解 ―ノリッジのジュリアンの場合―	水田英実

中世ヨーロッパの時空間移動

　　　　　四六判 212 頁 2004 年 9 月刊 本体 2200 円＋税

中世ヨーロッパの旅 —騎士と巡礼—　　山代宏道
旅と巡礼の表象—中世フランス文学にみる—
　　　　　　　　　　　　　　　　　　　原野　昇
中世ドイツ文学にみる旅
　—騎士宮廷叙事詩と〈冒険〉—　　　　四反田想
『カンタベリー物語』にみる旅
　—構造と意味—　　　　　　　　　　　中尾佳行
チョーサーとマンデヴィルの旅
　—中世の旅と楽しみ—　　　　　　　　地村彰之
中世の〈旅する人〉
　—天のエルサレムと地のエルサレム—　水田英実

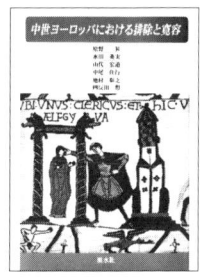

中世ヨーロッパにおける排除と寛容

　　　　　四六判 182 頁 2005 年 9 月刊 本体 2000 円＋税

中世キリスト教における排除と寛容
　—対異教徒・対ユダヤ教徒・対異端者—　水田英実
中世イングランドにおける排除と寛容
　—教会改革運動とノリッジ—　　　　　山代宏道
フランス中世文学にみる排除と寛容
　—『ポンチュー伯の息女』再読—　　　原野　昇
中世ドイツ文学における排除と寛容
　—ヴァルターとヴォルフラムの場合—　四反田想
クリセイデ像の変容にみる排除と寛容　　中尾佳行
チョーサーの作品における写本とテクスト
　—テクストに対する排除と寛容—　　　地村彰之

中世ヨーロッパにおける死と生

　　　　　四六判 202 頁 2006 年 9 月刊 本体 2000 円＋税

中世イングランドにおける生と死
　—聖人・治癒・救済—　　　　　　　　山代宏道
『新約聖書』とその注解に描かれた人間の生死
　—ラザロの復活の奇跡—　　　　　　　水田英実
「尼僧院長の話」に見るチョーサーの死生観
　—〈少年殉教〉と感覚に訴える表現—　中尾佳行
チョーサーの『公爵夫人の書』における死と生
　—"herte" (=heart) を通して—　　　　　地村彰之
トリスタン物語における死と生　　　　　四反田想
フランス中世文学にみる死の表現
　—エリナン・ド・フロワモン『死の詩』再読—　原野　昇

中世ヨーロッパにおける女と男

四六判 188 頁 2007 年 9 月刊 本体 2000 円＋税

トマス・アクィナスによる幻の『雅歌注解』
―『聖書』の中の男女の愛―　　　　　　　　　水田英実
アングロ＝ノルマン期イングランドにおける女と男
　　　　　　　　　　　　　　　　　　　　　　山代宏道
チョーサーの『善女伝』に見る女と男
―女性像の曖昧性について―　　　　　　　　　中尾佳行
チョーサーの作品における男を支配する女たち
―グリセルダとバースの女房の場合―　　　　　地村彰之
フランス中世文学にみる女と男　　　　　　　　原野　昇

中世ヨーロッパにおける笑い

四六判 184 頁 2008 年 9 月刊 本体 2000 円＋税

笑いの諸相
―いま泣いているあなたたちは幸い―　　　　　水田英実
中世イングランドにおける笑い
―修道士は静かに笑う―　　　　　　　　　　　山代宏道
フランス中世文学にみる笑い
―笑いの社会性―　　　　　　　　　　　　　　原野　昇
チョーサーのファブリオに見る笑い
―「船長の話」における言葉遊び再考―　　　　中尾佳行
チョーサーの英語と笑い　　　　　　　　　　　地村彰之

中世ヨーロッパにおける伝統と刷新

四六判 200 頁 2009 年 9 月刊 本体 2000 円＋税

中世キリスト教思想にみる伝統と刷新
―トマス・アクィナス『神学大全』の場合―　　水田英実
中世イングランドにおける伝統と刷新
―刷新は異文化接触から―　　　　　　　　　　山代宏道
フランス中世文学にみる伝統と刷新
―トリスタン伝説と『狐物語』を例に―　　　　原野　昇
「トパス卿の話」に見る伝統と刷新
―ロマンスの言語の解体と創造―　　　　　　　中尾佳行
古期英語の伝統と刷新
―「海ゆく人」の継承―　　　　　　　　　　　地村彰之

== 最 新 刊 ==

中世ヨーロッパの祝宴

　　　　四六判 178 頁 2010 年 9 月刊 本体 1900 円＋税

バイユー＝タペストリーと祝宴―多様性の共演―
　　　　　　　　　　　　　　　　　　　　　　山代宏道
祭りの中の宴 ―ミサ聖祭の場合―　　　　　水田英実
フランス中世文学にみる祝宴
―作品中における祝宴場面の果たす役割―　　原野　昇
ガウェイン詩人とチョーサーに見る祝宴と罠
　　　　　　　　　　　　　　　　　　　　　　中尾佳行
チョーサーの酒と『カンタベリー物語』
―ワインとエールを中心に―　　　　　　　　地村彰之